Guttentag'sche Sammlung
Nr. 51. Deutscher Reichsgesetze. Nr. 51.
Text-Ausgaben mit Anmerkungen.

Hypothekenbankgesetz.

Vom 13. Juli 1899.

Text-Ausgabe mit Einleitung, Anmerkungen und Sachregister

von

Dr. Heinrich Göppert,
Gerichtsassessor.

Berlin 1900.
J. Guttentag, Verlagsbuchhandlung,
G. m. b. H.

Inhaltsverzeichniß.

[a]

Abkürzungen in den Anmerkungen.

A.G. = Aktiengesellschaft.

Begr. = Begründung zu dem Entwurf eines Hypothekenbankgesetzes, Drucksachen des Reichstags, 10. Legislatur-Periode, I. Session 1898/99, Nr. 106 S. 14 bis 64.

B.G.B. = Bürgerliches Gesetzbuch.

E. z. B.G.B. = Einführungsgesetz zum Bürgerlichen Gesetzbuche.

G.O. = Grundbuchordnung (Reichs-Gesetzbl. 1898 S. 754).

H.B. = Hypothekenbank.

H.G. = Hypothekenbankgeschäft.

H.G.B. = citirt nach Artikeln Handelsgesetzbuch vom 5. Juni 1869; citirt nach Paragraphen Handelsgesetzbuch vom 10. Mai 1897.

H.R. = Hypothekenregister.

K.B. = Bericht der X. Kommission über den Entwurf eines Hypothekenbankgesetzes, Drucksachen des Reichstags, 10. Legislatur-Periode, I. Session 1898/99, Nr. 320.

K.G. a. A. = Kommanditgesellschaften auf Aktien.

K.O. = Konkursordnung (Reichs-Gesetzbl. 1898 S. 612).

Merzbacher = Merzbacher, Das Hypothekenbankgesetz, München 1900.

N.B. = Normativbestimmungen für die preußischen Hypothekenbanken vom 7. Juni 1893, abgedruckt in „Saling's Börsenpapiere" 1897.

P.B. = Hypothekenpfandbriefe.

P.D. = Pfandbriefdeckung.

P.G. = Pfandbriefgläubiger.

St.G.B. = Strafgesetzbuch.

Die Vorschriften des Gesetzes sind nur nach den Paragraphenzeichnungen ohne Zusatz citirt.

Einleitung.

Die Bodenkreditanstalten dienen der Vermittelung zwischen dem kreditbedürftigen Grundbesitz und dem anlagesuchenden Kapital.

Die ersten dieser Institute in Deutschland waren die auf genossenschaftlicher Grundlage beruhenden preußischen „Landschaften", welche auf Grund der an den Etatsminister von Carmer gerichteten Kabinetsorder Friedrichs des Großen vom 29. August 1769 zunächst für Schlesien (1770), später auch für die Kur- und Neumark (1777), Pommern (1781), Westpreußen (1787) und Ostpreußen (1808) unter staatlicher Mitwirkung gebildet wurden. Veranlassung zu dieser Maßnahme gab die Wahrnehmung, „daß der bei dem schlesischen Landadel sich äußernde Geldmangel hauptsächlich von dem Verfall des Kredits herrühre, dieser aber vorzüglich der unproportionirten Verpfändung der Landgüter und den Weitläufigkeiten und Kosten, in welche die Kreditores bei entstehenden Konkursen verwickelt werden, zuzuschreiben sei."

Der Eigenthümer eines zu der Landschaft gehörigen Gutes hatte das Recht, auf sein Gut bis zu einer bestimmten Werthgrenze Pfandbriefe der Landschaft aufzunehmen. Die Pfandbriefe wurden einzeln nach der Nummer, gleich als wären sie selbst die Gläubiger, auf das Gut eingetragen. Ihrer rechtlichen Natur nach waren sie Hypothekeninstrumente auf den Inhaber; für sie haftete aber nicht nur das speziell verpfändete Gut, sondern Kapital und Zinsen wurden dem Besitzer auch durch die Landschaft garantirt. Die Zinsen für die Pfandbriefe waren an die Landschaftskasse zu entrichten, welche die Auszahlung an den Pfandbriefbesitzer und die Realisation des Kapitals besorgte. Die Pfandbriefe wurden entweder dem Eigenthümer des verpfändeten Gutes zur freien Verfügung ausgehändigt, oder die Landschaft besorgte für ihn auch den Verkauf. Diese „alten Pfandbriefe" gewährten dieselbe Sicherheit wie eine Hypothek. Sie boten aber den Vortheil, daß der Pfandbriefgläubiger des oft lästigen unmittelbaren Verkehrs mit dem Schuldner und der eigenen Prüfung der Sicherheit überhoben war. Dazu kam die Leichtigkeit der Uebertragung. So stellten sie ein bequemes Anlagepapier dar, dem sich auch dasjenige Kapital zuwenden konnte, welches die sonstige Schwerfälligkeit des Realkredits scheute. Allerdings ließen sie den unmittelbaren Zusammenhang zwischen dem Grundbesitzer und dem Kapitalisten noch unberührt. An ihrer Stelle wurden später „neue Pfandbriefe" ausgegeben, welche auch diesen Zusammenhang aufhoben. Die neuen Pfandbriefe werden nicht auf ein bestimmtes Gut eingetragen, vielmehr werden die beliehenen Güter mit einer Hypothek für die Landschaft belastet und diese giebt zum Betrag und als Valuta der Hypothek Pfandbriefe aus. Für jeden Pfandbrief haften die gesammten Hypotheken der Landschaft und zwar so, daß sich der Inhaber des Pfandbriefs, falls er nicht befriedigt wird, eine dieser Hypotheken in Höhe seiner Forderung im Wege der Zwangsvollstreckung überweisen lassen kann. Die Erhaltung des Gleichgewichts zwischen Pfandbrief- und Hypothekenkapital ist durch besondere Maßregeln gesichert.

Dem System der alten Landschaften schlossen sich andere von den Grundbesitzern in und außerhalb Preußens gebildete Kreditvereine an. Im Jahre 1834 wurde auch ein Bankinstitut, die „Bayerische Hypotheken- und Wechselbank" gegründet, das sich der Vermittelung des Realkredits widmete. Die übrigen deutschen Hypothekenbanken sind erst nach dem Jahre 1861 entstanden.

Die genossenschaftlichen Verbände vermochten auf die Dauer das Kreditbedürfniß nicht zu befriedigen. Ein großer Theil des Grundbesitzes blieb von der Aufnahme in den Verband ausgeschlossen, und die aufgenommenen Grundstücke konnten nach den für die Verbände maßgebenden Bestimmungen nur innerhalb einer engen Werthgrenze beliehen werden. Die Umständlichkeit des Hypothekenbuchs- und Subhastationsverfahrens erschwerte die Erlangung hypothekarischer Beleihungen von anderer Seite, zumal das Kapital mehr und mehr Gelegenheit zur Anlage in Staats-, Eisenbahn- und Industriepapieren fand. Die hieraus erwachsende „Hypothekennoth" des Grundbesitzes gab die Veranlassung, daß das Bodenkreditgeschäft mehr und mehr auch von Bankinstituten aufgenommen wurde. Diese Bankinstitute (Hypothekenbanken) gewähren Darlehen gegen hypothekarische Sicherstellung. Zur Beschaffung der Gelder für die Darlehen geben sie Schuldverschreibungen aus, die zwar, ähnlich wie die „neuen Pfandbriefe" der Landschaften, kein Recht an einzelnen bestimmten Hypotheken begründen, aber in dem gesammten Hypothekenbestand ihre Unterlage und Deckung finden sollen. Gegenwärtig bestehen in Deutschland vierzig Hypothekenbanken. Die von ihnen ausgegebenen Schuldverschreibungen beliefen sich am 1. Dezember 1897 auf mehr als fünf Milliarden. Die Banken haben sich vorwiegend der Beleihung des städtischen Grundbesitzes zugewandt; nur etwa sieben Achtel der zur Deckung der Schuldverschreibungen bestimmten Hypotheken ruhen auf landwirthschaftlichen Grundstücken.

Eine reichsgesetzliche Regelung des Hypothekenbankwesens wurde zum ersten Male im Jahre 1868 ins Auge gefaßt. Die damals herrschende Kreditnoth des Grundbesitzes veranlaßte den Bundesrath, eine Enquete über die Frage zu veranstalten, ob auf dem Gebiete des Hypothekenbankwesens eine Erleichterung des Realkredits geboten sei. Da sich aber die gewünschte Vermehrung der Hypothekenbanken binnen kurzer Zeit auch ohne Hilfe der Gesetzgebung vollzog, so wurde diesem Schritte keine weitere Folge gegeben.

Ein zweiter im Jahre 1879 unternommener Versuch bewegte sich in wesentlich anderer Richtung.

Obwohl die Bezeichnung der von den Hypothekenbanken ausgegebenen Schuldverschreibungen als Hypothekenpfandbriefe, Hypothekencertifikate u. s. w. den Anschein erweckte, als stehe den Inhabern dieser Schuldverschreibungen an den zu ihrer Sicherheit bestimmten hypothekarischen Forderungen ein alle übrigen Gläubiger ausschließendes Vorrecht zu, fand doch das Deckungsverhältniß zwischen den Schuldverschreibungen und den ihrer Ausgabe zu Grunde liegenden Hypotheken keine solche Gestaltung, daß die Inhaber gegen Verfügungen der Bank über die Hypotheken sowie gegen den Zugriff dritter Gläubiger gesichert waren und im Konkurse der Bank eine vorzugsweise Befriedigung aus diesen Werthen beanspruchen konnten. Der Mangel einer solchen Gestaltung erschien um so bedenklicher, als ein Theil der Hypothekenbanken auch andere Bankgeschäfte in großem Umfange betrieb und die Sicherheit einzelner zeitweise stark gefährdet war. So lag die Befürchtung nahe, daß sich Mißtrauen gegen die Sicherheit der von den

Hypothekenbanken ausgegebenen Schuldverschreibungen verbreiten und das Kapital von der Anlage in diesen Werthen abgeschreckt werden könnte. Auch bezüglich der von den Landschaften ausgegebenen „neuen Pfandbriefe" konnten ähnliche Befürchtungen entstehen, da die Pfandbriefgläubiger gleichfalls gegen die Konkurrenz anderer Gläubiger und Verfügungen der Anstalt nicht durchweg gesichert erschienen.

Bereits bei den Vorarbeiten zu der Reichskonkursordnung hatte die Reichsregierung es als ihre Aufgabe erkannt, dem immer lauter geäußerten Verlangen nach einer ausreichenden Sicherung der Pfandbriefgläubiger im Wege der Reichsgesetzgebung stattzugeben, indessen sah sie sich außer Stande, vor dem Inkrafttreten der Reichskonkursordnung diese Regelung herbeizuführen. Um aber einstweilen der Landesgesetzgebung die Möglichkeit zu lassen, den Pfandbriefgläubigern eine konkursmäßige Realsicherheit zu gewähren, wurde in das Einführungsgesetz zur Konkursordnung eine Vorschrift aufgenommen (§ 17), welche es der Landesgesetzgebung vorbehielt, Bestimmungen zu treffen, nach welchen den Inhabern der von Gemeinden oder anderen Verbänden, von Aktiengesellschaften, Kommanditgesellschaften auf Aktien oder Genossenschaften ausgestellten Pfandbriefe oder ähnlicher auf Grund erworbener Forderungen von denselben ausgestellten Werthpapiere, an solchen Forderungen ein Faustpfandrecht im Sinne des § 40 der Konkursordnung dadurch gewährt werden kann, daß einem Vertreter sämmtlicher Inhaber allein oder in Gemeinschaft mit dem Aussteller die Ausübung des Gewahrsams der über die Forderungen lautenden Urkunden übertragen oder auf diesen Urkunden die Gewährung des Pfandrechts vermerkt wird.

Die Ansicht, daß hiermit nur eine einstweilige Abhülfe geschaffen sei, und daß die Sicherstellung der Pfandbriefgläubiger angemessen allein durch ein Reichsgesetz gewährt werden könne, kam auch in dem vom Reichstage bei Berathung der Konkursordnung am 21. Dezember 1876 gefaßten Beschlusse zum Ausdrucke:

> den Reichskanzler zu ersuchen, womöglich noch vor dem Inkrafttreten der Konkursordnung die einheitliche Regelung des im § 17 des Entwurfs des Einführungsgesetzes behandelten Gegenstandes im Wege der Reichsgesetzgebung herbeizuführen (Stenogr. Berichte S. 1000).

Im Jahre 1879 wurde darauf dem Reichstage der Entwurf eines Gesetzes, betreffend das Faustpfandrecht für Pfandbriefe und ähnliche Schuldverschreibungen, vorgelegt (Nr. 50 d. Drucksachen). Die Vorlage verfolgte lediglich die Aufgabe, den Bodenkreditanstalten die Möglichkeit einer ausreichenden rechtlichen Sicherstellung der Pfandbriefgläubiger zu geben. Alle Fragen wirthschaftlicher Natur blieben außer Betracht, insbesondere waren keine Bestimmungen aufgenommen über die Voraussetzungen der Errichtung sowie den Geschäftsbetrieb und die Geschäftsverwaltung der Pfandbriefinstitute. Der Entwurf ging von der Auffassung aus, daß die Pfandbriefe als ein Ersatz für die ihnen zu Grunde liegenden, mit dem Gelde der Pfandbriefgläubiger erworbenen Hypotheken zu betrachten seien, und entnahm daraus die Nothwendigkeit einer unmittelbaren faustpfandmäßigen Haftung der Hypotheken für die Pfandbriefforderungen. Er regelte die Voraussetzungen der Begründung sowie die Wirkungen des Faustpfandrechts und führte auch eine Vertretung der Pfandbriefgläubiger insoweit ein, als es sich um die Erwerbung des Pfandrechts für die unbekannte Menge der Pfandbriefgläubiger und um die Erhaltung dieses Rechtes handelte. Ein Zwang, sich dem Gesetze zu unterwerfen, sollte den Bodenkreditanstalten nicht auferlegt werden, vielmehr sollte es in dem Belieben der einzelnen Anstalt stehen, ob sie von den Vorschriften des Entwurfs Gebrauch machen wolle oder nicht.

Der Entwurf gelangte in dieser Session nicht zur Verabschiedung. Im folgenden Jahre (1880) wurde er mit geringen Aenderungen von Neuem vorgelegt (Drucksachen Nr. 32). Obwohl er im Wesentlichen die Zustimmung der mit der Vorberathung betrauten Kommission des Reichstags fand (Drucksachen Nr. 114), konnte er auch in dieser Session wegen Mangel an Zeit nicht erledigt werden.

In den folgenden Jahren wurde von einer Wiederaufnahme des Gegenstandes durch die Reichsgesetzgebung abgesehen, weil es mit dem Fortschreiten der Arbeiten für das Bürgerliche Gesetzbuch zweifelhaft geworden war, ob der für die rechtliche Sicherung der Pfandbriefgläubiger eingeschlagene Weg gegenüber den Vorschriften des künftigen Rechtes festgehalten werden könne. Dagegen machten mehrere Bundesstaaten von der im § 17 des Einführungsgesetzes zur Konkursordnung der Landesgesetzgebung gewährten Befugniß Gebrauch, um in mehr oder weniger engem Anschluß an den gescheiterten Entwurf eines Reichsgesetzes betreffend das Faustpfandrecht für Pfandbriefe und ähnliche Schuldverschreibungen, den Pfandbriefgläubigern eine faustpfandmäßige Sicherung zu gewähren. So Sachsen-Coburg-Gotha durch das Gesetz, betreffend die Sicherstellung der Rechte der Besitzer von Pfandbriefen, vom 4. April 1885 (Gemeinschaftliche Gesetzsamml. Nr. 476), Baden durch das Gesetz, betreffend die Pfandrechte für Schuldverschreibungen auf den Inhaber, vom 12. April 1892 (Gesetzes- und Verordnungsbl. S. 112), Elsaß-Lothringen durch das Gesetz, betreffend das Pfandrecht für die von den Bodenkreditgesellschaften ausgegebenen Schuldverschreibungen, vom 22. Mai 1893 (Gesetzbl. S. 65), Mecklenburg-Schwerin durch das Gesetz, betreffend das Faustpfandrecht für Pfandbriefe und ähnliche Schuldverschreibungen, vom 27. Februar 1894 (Regierungs-Bl. S. 43), Mecklenburg-Strelitz durch ein mit dem vorgenannten Gesetz übereinstimmendes Gesetz vom 21. März 1894 (Offizieller Anzeiger S. 49), Schwarzburg-Sondershausen durch das Pfandbriefgesetz vom 15. Januar 1896 (Gesetz-Samml. S. 23). Preußen beschränkte sich darauf, die auf der Grundlage der Staatsaufsicht erlassenen Normativbestimmungen vom 6. Juli 1863, 22. Juni 1867 unter dem 7. Juni 1893 neu aufzustellen. Diese Normativbestimmungen enthalten keine Regelung der rechtlichen Sicherstellung der Pfandbriefgläubiger, sie geben vielmehr nur Vorschriften über den Geschäftsbetrieb der Hypothekenbanken.

Nach der Fertigstellung des Bürgerlichen Gesetzbuchs und des neuen Handelsgesetzbuchs wurde die Regelung des Hypothekenbankwesens durch die Reichsgesetzgebung von Neuem aufgenommen. Wie die Begründung zu dem Entwurf eines Hypothekenbankgesetzes bemerkt, war die Ueberzeugung, daß die in Betracht kommenden Verhältnisse am zweckmäßigsten durch ein Reichsgesetz zu ordnen wären, durch jene landesgesetzlichen Akte nicht erschüttert worden. Auf diesen Weg wies schon die Art des Geschäftsbetriebs der Hypothekenbanken hin, die sich sowohl bei ihren Beleihungen als bei dem Absatz ihrer Hypothekenpfandbriefe nicht auf das Gebiet desjenigen Bundesstaats beschränken, in welchem sie ihren Sitz haben. (Vgl. Begründung des Entwurfs eines Hypothekenbankgesetzes, Drucksachen des Reichstags, 10. Legislatur-Periode, I. Session 1898/99, Nr. 106 S. 16).

Im Juni 1897 trat im Reichs-Justizamt eine Kommission von Sachverständigen aus den Kreisen der Hypothekenbanken zur Begutachtung der Grundzüge eines Hypothekenbankgesetzes zusammen. Im November 1897 fanden auch Berathungen der Regierung mit Vertretern der Interessen des Grundbesitzes statt. Der Entwurf wurde dann durch Veröffentlichung in der ersten Beilage des Deutschen Reichs- und Königlich Preußischen Staatsanzeigers vom 27. Mai 1898 Nr. 124, gleichzeitig mit dem Entwurf eines Gesetzes, betreffend die gemeinsamen Rechte der Besitzer von Schuldverschreibungen, der öffentlichen Kritik unterbreitet. Die Vorlegung beim Reichstag erfolgte durch Schreiben des Reichskanzlers vom 3. Februar 1899 (Drucksachen Nr. 106). In der Sitzung vom 7. März 1899 überwies der Reichstag den Entwurf einer Kommission von 21 Mitgliedern (Stenogr. Berichte S. 1390), die unter dem 17. Mai 1899 einen schriftlichen Bericht erstattete (Nr. 320 der Drucksachen). Die von der Kommission in Vorschlag gebrachten Aenderungen ließen die Grundgedanken des Entwurfs unberührt. Die wichtigste dieser Aenderungen war, daß an Stelle eines von den Pfandbriefgläubigern zur Wahrung ihrer Rechte in Betreff der Pfandbriefdeckung zu wählenden Vertreters ein von der Aufsichtsbehörde zu ernennender Treuhänder gesetzt wurde. Im Uebrigen handelte es sich nur um Ergänzungen und Verbesserungen in untergeordneten Punkten. Am 12. und 17. Juni 1899 fand die zweite und die dritte Lesung im Plenum des Reichstags statt, in denen der Entwurf nach den Vorschlägen der Kommission en bloc angenommen wurde (Stenogr. Berichte S. 2493, 2495—2505).

Am 13. Juli 1899 erfolgte die Vollziehung des Gesetzes durch den Kaiser. Das Gesetz ist am 1. Januar 1900 in Kraft getreten.

Das Hypothekenbankgesetz vom 13. Juli 1899 bezweckt nicht die Regelung der Verhältnisse der gesammten Bodenkreditanstalten, es betrifft vielmehr lediglich die Hypothekenbanken im technischen Sinne, das heißt diejenigen Bodenkreditanstalten, welche Aktiengesellschaften oder Kommanditgesellschaften auf Aktien sind. Insofern greift es weniger weit als die Entwürfe von 1879 und 1880, deren Vorschriften für sämmtliche Bodenkreditanstalten Geltung haben sollten. Die nicht in der Form von Aktiengesellschaften oder Kommanditgesellschaften auf Aktien errichteten Bodenkreditanstalten unterliegen also nach wie vor den Vorschriften der Landesgesetze. Jedoch wird einzelnen Personen, offenen Handelsgesellschaften, Kommanditgesellschaften, Gesellschaften mit beschränkter Haftung, sowie denjenigen eingetragenen Genossenschaften, die vor dem 1. Mai 1898 Hypothekenbankgeschäfte noch nicht betrieben haben, der Betrieb von Hypothekenbankgeschäften untersagt (§ 2, § 45 Abs. 1). Die Errichtung von Bodenkreditanstalten im Wege einer Vereinigung der kreditbedürftigen Grundbesitzer muß also in Zukunft in einer anderen Rechtsform erfolgen, als in der Form der eingetragenen Genossenschaft.

Andererseits greift das Gesetz weiter als die gedachten Entwürfe. Es beschränkt sich nicht darauf, die Stellung der Pfandbriefgläubiger zu sichern, vielmehr bezieht es auch die dem wirthschaftlichen Gebiet angehörigen Fragen, welche die Errichtung, den Geschäftsbetrieb und die Beaufsichtigung der Hypothekenbanken betreffen, in die Regelung ein. Insoweit läßt es aber die Vorschriften des Handelsgesetzbuchs über die Aktiengesellschaft und die Kommanditgesellschaft auf Aktien unberührt und ergänzt diese nur mit Rücksicht auf die Besonderheiten der Bodenkreditgeschäfte.

Vorschriften über die Versammlungen der Pfandbriefgläubiger enthält das Gesetz nicht. Hier greifen die Bestimmungen des Gesetzes, betr. die gemeinsamen Rechte der Besitzer von Schuldverschreibungen, vom 4. Dezember 1899 (Reichs-Gesetzbl. S. 691) ein.

Das Gesetz enthält zunächst Vorschriften über die Zulassung neuer Hypothekenbanken (§ 1) sowie das Verbot des Betriebs von Hypothekenbankgeschäften durch die vorher bezeichneten Unternehmungen (§ 2). Es regelt weiter die staatliche

Beaufsichtigung der Hypothekenbanken (§§ 3, 4) und bestimmt sodann im § 5 die Geschäfte, welche den Hypothekenbanken neben den Bodenkreditgeschäften gestattet sind. In den §§ 6 bis 9 sind die wesentlichsten Bedingungen, die bei der Ausgabe von Hypothekenpfandbriefen zu erfüllen sind, festgestellt. Hieran schließen sich die bei der Gewährung von hypothekarischen Darlehen zu beobachtenden Grundsätze (§§ 10 bis 21). Es folgen Vorschriften über die Anlegung und Führung des Hypothekenregisters, das zur Eintragung der zur Pfandbriefdeckung verwendeten Hypotheken dienen soll (§§ 22, 23), und über die Buchführung, die Bilanzen, Geschäftsberichte und sonstigen Nachweisungen der Hypothekenbanken (§§ 24 bis 28). Die §§ 29 bis 39 enthalten die Vorschriften über die rechtliche Sicherung der Pfandbriefgläubiger, ihre Befriedigung im Konkurse und die Bestrafung der die Sicherung gefährdenden Handlungen. Mit § 40, der noch Bestimmungen betreffend die Grundschulden enthält, gelangt die Regelung des Bodenkreditgeschäfts zum Abschlusse. Hieran schließen sich in den §§ 41 und 42 Vorschriften über die Ausgabe von Kommunal- und Kleinbahnobligationen durch Hypothekenbanken. In den §§ 43 bis 53 sind Schluß- und Uebergangsbestimmungen enthalten, welche namentlich die Anwendung des Gesetzes auf die bestehenden Hypothekenbanken betreffen.

(№ 2605.)

Hypothekenbankgesetz.

Vom 13. Juli 1899.

(Reichs-Gesetzbl. von 1899 Nr. 32 S. 375—391.)

Wir Wilhelm, von Gottes Gnaden Deutscher Kaiser, König von Preußen rc.

verordnen im Namen des Reichs, nach erfolgter Zustimmung des Bundesraths und des Reichstags, was folgt:

Hypothekenbanken.[1])

1. Hypothekenbanken sind diejenigen A.G. und K.G. a. A., bei welchen der Gegenstand des Unternehmens allein oder in Verbindung mit anderen Geschäften (§§ 5, 46; gemischte Hypothekenbanken) in der hypothekarischen bezw. gegen Einräumung einer Grundschuld erfolgenden Beleihung von Grundstücken und der Ausgabe von Schuldverschreibungen (Hypothekenpfandbriefe § 6) auf Grund der erworbenen Hypotheken oder Grundschulden besteht (Hypothekenbankgeschäfte). Hypothekenbanken sind somit nicht A.G. oder K.G. a. A., die Geschäfte betreiben, welche denselben wirthschaftlichen Zweck verfolgen, wie die Hypothekenbankgeschäfte, vgl. § 5 Abs. 1, Nr. 2, 3, §§ 41, 42 (K.B. 1), andererseits nicht andere Kreditanstalten, welche Hypothekenbankgeschäfte betreiben, wie die landschaftlichen und ritterschaftlichen Kreditinstitute (§ 43), oder die im § 45 Abs. 2 bezeichneten Genossenschaften.

§. 1.*)

Aktiengesellschaften und Kommanditgesellschaften auf Aktien, bei welchen der Gegenstand des Unternehmens in der hypothekarischen Beleihung von Grundstücken [1]) und der Ausgabe von Schuldverschreibungen [2]) auf Grund der erworbenen Hypotheken [3]) besteht (Hypothekenbanken), bedürfen zur Ausübung ihres Geschäftsbetriebs der Genehmigung des Bundesraths.[4])

Ist in der Satzung einer Hypothekenbank bestimmt, daß die hypothekarischen Beleihungen nur im Gebiete desjenigen Bundesstaats erfolgen dürfen, in welchem die Bank ihren Sitz hat, so steht die Ertheilung der Genehmigung der Zentralbehörde dieses Bundesstaats zu.

Zu jeder Aenderung der Satzung einer Hypothekenbank ist die Genehmigung der nach den Abs. 1, 2 zuständigen Stelle [5]) erforderlich.

1. Die sich auf Grundstücke beziehenden Vorschriften gelten auch für das Erbbaurecht (§ 1017 B.G.B.) und

*) Die Vorschriften des § 1 beziehen sich nur auf inländische H.B. Hinsichtlich der Zulassung ausländischer H.B., die juristische Personen sind, bewendet es bei den Landesgesetzen; § 12 Gewerbe-Ordnung (Begr. 20).

Abs. 1 und 2 betreffen nur H.B., die nach dem Inkrafttreten des Gesetzes den Betrieb von H.G. beginnen, vgl. § 45 Abs. 1; Abs. 3 betrifft auch die in diesem Zeitpunkte bereits bestehenden H.B., einschließlich derjenigen, welche auf die Ausgabe neuer P.B. verzichten und sich darauf beschränken, die umlaufenden P.B. im Verkehre zu erhalten (K.B. 4).

die im Artikel 63, 196 E. z. B.G.B. bezeichneten Rechte, vgl. §§ 7, 84 G.O., nicht dagegen für die im Artikel 68 E. z. B.G.B. bezeichneten Rechte, vgl. unten Anm. 8 zu § 12.

2. Hypothekenpfandbriefe vgl. § 6. Es macht keinen Unterschied, ob die Schuldverschreibungen auf Namen, Order oder den Inhaber ausgestellt werden. Sollen P.B. auf den Inhaber in den Verkehr gebracht werden, so bedarf es außer der Genehmigung des Geschäftsbetriebs (zu vgl. Anm. 4) der Genehmigung seitens der Zentralbehörde des Bundesstaats, in welchem die Niederlassung der Bank sich befindet, welche die Schuldverschreibungen ausstellt, bei Vermeidung der Nichtigkeit der Schuldverschreibungen, Schadensersatzpflicht der Bank sowie Strafbarkeit, § 795 B.G.B., § 145a St.G.B., Artikel 34 IV E. z. B.G.B.

3. Den Hypotheken stehen die Grundschulden gleich, aber nicht die Rentenschulden (§§ 1199 bis 1203 B.G.B.), vgl. § 40 Abs. 1 (Begr. 57).

Durch die Fassung soll nicht ausgeschlossen werden, daß Hypotheken, welche die Bank von Dritten erwirbt, zur P.D. verwendet werden (K.B. 1), vgl. § 5 Abs. 1 Nr. 1.

4. Die Genehmigung ist lediglich gewerberechtlicher Natur. Betrieb ohne Genehmigung kann nur das Einschreiten der Aufsichtsbehörde (§ 3) zur Folge haben; der Rechtsbestand der H.B. und die Rechtswirksamkeit ihrer Geschäfte sind von der Genehmigung nicht abhängig, vgl. § 134 B.G.B. (Begr. 19). Vgl. aber § 195 Abs. 2 Nr. 6, § 320 Abs. 3 H.G.B.: Vorlegung der Genehmigungsurkunde ist erforderlich bei der Anmeldung der A.G. oder K.G. a. A. zur Eintragung in das Handelsregister. Eine Zurücknahme der Genehmigung ist nicht vorgesehen (Begr. 20). Wegen der besonderen Genehmigung zur Ausgabe von P.B. auf den Inhaber vgl. Anm. 2.

5. Im Falle des Abs. 1 der Bundesrath, im Falle des Abs. 2 die Zentralbehörde des Bundesstaats, in welchem die Bank ihren Sitz hat; handelt es sich jedoch darum, die im Abs. 2 bezeichnete Bestimmung der Satzung zu beseitigen, so ist die Genehmigung des Bundesraths erforderlich (Begr. 20). Die Aufgabe des Hypothekenbankgeschäfts bedarf der Genehmigung nicht. Vorlegung der Genehmigungsurkunde bei der Anmeldung der Satzungsänderung zum Handelsregister ist nur bei der Kapitalserhöhung einer A.G. oder K.G. a. A. vorgeschrieben, § 284 Abs. 2 Nr. 4, § 320 Abs. 3 H.G.B.

§. 2.

Offenen Handelsgesellschaften, Kommanditgesellschaften, Gesellschaften mit beschränkter Haftung, eingetragenen Genossenschaften[1]) und einzelnen Personen ist der Betrieb eines Unternehmens der im §. 1 Abs. 1 bezeichneten Art untersagt.[2])

1. Die Vorschrift findet keine Anwendung auf am 1. Jan. 1900 eingetragene Genossenschaften, sofern sie vor dem 1. Mai 1898 satzungsgemäß H.G. betrieben haben, § 45 Abs. 2.

2. Das Verbot ist lediglich gewerberechtlicher Natur, vgl. Anm. 4 zu § 1 (Begr. 20). Einschreiten der Aufsichtsbehörde kommt nicht in Frage, da das Aufsichtsrecht sich nur auf H.B. erstreckt (vgl. Anm. 1 zu § 3). Die Befolgung des Verbots ist nur durch die Strafvorschrift des § 39 gesichert.

Staatsaufsicht.

§. 3.

Die Hypothekenbanken unterliegen der staatlichen Aufsicht.[1]) Die Aufsicht steht dem Bundesstaate zu,

in welchem die Bank ihren Sitz hat.[2]) Die Aufsicht erstreckt sich auf den ganzen Geschäftsbetrieb der Bank[3]) und dauert auch nach deren Auflösung bis zur Beendigung der Liquidation[4]) fort.

1. Der Aufsicht unterliegen nur H.B. (vgl. Anm. 2 zu § 2), ohne Rücksicht darauf, ob die Genehmigung des Geschäftsbetriebs erfolgt ist (vgl. Anm. 4 zu § 1).

Es besteht keine allgemeine Pflicht, sondern lediglich ein Recht zur Aufsicht. Der Umfang der Ausübung ist dem pflichtmäßigen Ermessen der Aufsichtsbehörde überlassen. Die Aufsicht ist insbesondere nicht bestimmt, dem Publikum die eigene Prüfung der Vertrauenswürdigkeit der H.B. zu ersparen (Begr. 21). Vgl im Uebrigen §§ 4, 13, 15, § 22 Abs. 2, § 29 Abs. 2, §§ 33, 34, § 41 Abs. 1, § 42 Abs. 1 und 3, § 51, § 53 Abs. 1.

2. Die Aufsicht erstreckt sich auch auf Zweigniederlassungen in einem anderen Bundesstaate. Dem Bundesstaat, in welchem die Zweigniederlassung sich befindet, steht ein Aufsichtsrecht über diese gesetzlich nicht zu (Begr. 22).

3. Einschließlich der Geschäfte in einem anderen Bundesstaate (s. aber § 13, § 15 Abs. 2, 3), sowie des Betriebs von Nebengeschäften (vgl. § 5, § 46 Abs. 1); handelt es sich um einen Geschäftszweig, welcher schon nach anderweitigen Vorschriften der Staatsaufsicht unterliegt, wie das Versicherungsgewerbe, so bleibt die Anwendung dieser Vorschriften unberührt (Begr. 22).

4. Im Falle der Auflösung durch Konkurs (§ 292 Abs. 1 Nr. 3, § 320 Abs. 3 H.G.B.) endet das Aufsichtsrecht mit der Eröffnung des Konkursverfahrens, in anderen Fällen erst mit der Beendigung der Liquidation und sofern keine Liquidation stattfindet, §§ 304, 306 H.G.B., mit der Eintragung des von der Generalversammlung gefaßten Auflösungsbeschlusses in das Handelsregister.

Im Falle des § 306 H.G.B. (Uebernahme des Unternehmens durch eine andere A.G. oder K.G. a. A. ohne Liquidation) unterliegt die übernehmende Gesellschaft der Aufsicht der nach Maßgabe des § 3 Satz 2 für sie zuständigen Aufsichtsbehörde. Zu der Uebernahme ist die im § 1 Abs. 1 oder 2 vorgeschriebene Genehmigung erforderlich, vgl. § 305, § 284 Abs. 2 Nr. 4 H.G.B.

Im Falle der Nichtigkeit, §§ 309 bis 311 H.G.B., sind die für den Fall der Auflösung geltenden Bestimmungen zur entsprechenden Anwendung zu bringen.

§. 4.*)

Die Aufsichtsbehörde ist befugt, alle Anordnungen zu treffen, welche erforderlich sind, um den Geschäfts-

*) Die Vorschriften des § 4 bezwecken, die Behörde in den Stand zu setzen, sich jederzeit Einblick in die Verhältnisse der Bank zu verschaffen und die Abstellung von Mißständen herbeizuführen. Die Behörde ist bei ihren Anordnungen an Gesetz und Satzungen der Bank gebunden; sie kann insbesondere nicht Maßnahmen treffen, die wie die Wahl oder die Abberufung der Vorstands- und Aufsichtsrathsmitglieder der Generalversammlung vorbehalten sind. Die Art und Weise, wie die zwangsweise Durchführung der getroffenen Anordnungen zu erfolgen hat, bestimmt sich nach den landesgesetzlichen Vorschriften über das Zwangsverfahren in Verwaltungssachen (Begr. 22, K.B. 6).

Die Rechte, welche der Aufsichtsbehörde hinsichtlich der Berufung von Versammlungen der Pfandbriefgläubiger und der Beseitigung von Beschlüssen solcher Versammlungen zukommen, ergeben sich aus dem Gesetze, betreffend die gemeinsamen Rechte der Besitzer von Theilschuldverschreibungen (Begr. 23).

Gegen die Anordnungen der Aufsichtsbehörde ist der Rechtsweg nicht zulässig.

betrieb der Bank mit den Gesetzen, der Satzung und den sonst in verbindlicher Weise getroffenen Bestimmungen [1]) im Einklange zu erhalten.

Die Aufsichtsbehörde ist namentlich befugt:

1. jederzeit die Bücher und Schriften der Bank einzusehen sowie den Bestand der Kasse und die Bestände an Werthpapieren zu untersuchen;
2. von den Verwaltungsorganen der Bank Auskunft über alle Geschäftsangelegenheiten zu verlangen;
3. einen Vertreter in die Generalversammlungen und in die Sitzungen der Verwaltungsorgane der Bank zu entsenden, die Berufung der Generalversammlung, die Anberaumung von Sitzungen der Verwaltungsorgane sowie die Ankündigung von Gegenständen zur Beschlußfassung zu verlangen und, wenn dem Verlangen nicht entsprochen wird, die Berufung, Anberaumung oder Ankündigung auf Kosten der Bank selbst vorzunehmen;[2])
4. die Ausführung von Beschlüssen oder Anordnungen zu untersagen, die gegen das Gesetz, die Satzung oder die sonst in verbindlicher Weise getroffenen Bestimmungen verstoßen.[3])

Die Aufsichtsbehörde kann einen Kommissar bestellen, der unter ihrer Leitung die Aufsicht ausübt.[4]) Sie kann bestimmen, daß für die Thätigkeit des Kommissars eine Vergütung von der Bank an die

Staatskasse zu entrichten ist; sie setzt den Betrag dieser Vergütung fest.

1. Bestimmungen der letzteren Art sind u. A. die Anweisungen über die Beleihung von Werthpapieren (§ 5 Abs. 2) und über die Werthermittelung der zu beleihenden Grundstücke (§ 13), die Grundzüge der Bedingungen für die hypothekarischen Darlehen (§ 15), die Grundsätze für die Gewährung von Darlehen an Kleinbahnunternehmungen (§ 42 Abs. 3).

2. Nach Maßgabe der §§ 255, 256 H.G.B.

3. Kraft dieses Untersagungsrechts kann nöthigenfalls auch die Auszahlung von Dividenden oder die weitere Ausgabe von Pfandbriefen verhindert werden (Begr. 23).

4. Sowohl für einen bestimmten Fall als auch zur dauernden Wahrnehmung der Aufsicht (Begr. 23). Es ist auch die Bestellung mehrerer Kommissare zulässig (K.B. 6). Der Kommissar kann in dem im § 51 bezeichneten Falle gleichzeitig Treuhänder (§ 29) sein. Gegen die Anordnungen des Kommissars kann Beschwerde bei der Aufsichtsbehörde erhoben werden.

Nebengeschäfte.

§. 5.*)

Die Hypothekenbanken dürfen außer der Gewährung hypothekarischer Darlehen und der Aus-

---

*) Wegen der Anwendbarkeit des § 5 auf die bei dem Inkrafttreten des Gesetzes bestehenden H.B., vgl. § 46.

Der Kreis der den H.B. neben den H.G. gestatteten Geschäfte wird nur soweit begrenzt, als Geschäfte in Frage kommen, die mit den H.G. nicht in unmittelbarem Zusammenhange stehen, vielmehr einen selbständigen Betrieb darstellen (Nebengeschäfte). Die verschiedenartigen Hülfsgeschäfte des Hypothekenbankbetriebs sollen nicht festgelegt werden. Für diese gelten auch die den

gabe von Hypothekenpfandbriefen nur folgende Geschäfte betreiben:

1. den Erwerb, die Veräußerung und die Beleihung von Hypotheken;[1]
2. die Gewährung nicht hypothekarischer Darlehen an inländische Körperschaften des öffentlichen Rechtes[2]) oder gegen Uebernahme der vollen Gewährleistung durch eine solche Körperschaft und die Ausgabe von Schuldverschreibungen auf Grund der so erworbenen Forderungen;[3])

Nebengeschäften gezogenen Beschränkungen nicht. Z. B. bleibt es den H.B. unbenommen, erworbene Grundstücke (Abs. 3) zu vermiethen, zu verpachten und zu veräußern, Anschaffungen für ihren Geschäftsbetrieb zu machen, Bankkredite zur Beschaffung flüssiger Mittel für Beleihungen zu benutzen (vgl. auch Anm. 9 a. E.).

Kontokurrentgeschäfte sind im § 5 nicht erwähnt. Die Gewährung eigentlicher Kontokurrentkredite ist demnach unstatthaft. Jedoch ist es nicht ausgeschlossen, daß, wenn die H.B. mit Bankiers oder Kunden in dauernder Geschäftsverbindung steht, die beiderseitigen Ansprüche und Leistungen in der Form der laufenden Rechnung ihre Erledigung finden. Zu den nicht gestatteten Geschäften gehört ferner die Ausgabe von Interimsscheinen, in welchen die Lieferung von P.B. zugesagt wird. Durch die Satzungen der Bank kann der Kreis der gestatteten Nebengeschäfte noch enger gezogen werden.

Ein der Satzung oder dem § 5 zuwider geschlossenes Nebengeschäft ist rechtswirksam und kann nur ein Einschreiten der Aufsichtsbehörde (§ 4 Abs. 1) zur Folge haben (Begr. 23—25).

3. die Gewährung von Darlehen an inländische Kleinbahnunternehmungen[4]) gegen Verpfändung der Bahn und die Ausgabe von Schuldverschreibungen auf Grund der so erworbenen Forderungen;[5])
4. den kommissionsweisen Ankauf und Verkauf von Werthpapieren, jedoch unter Ausschluß von Zeitgeschäften;[6])
5. die Annahme von Geld oder anderen Sachen zum Zwecke der Hinterlegung,[7]) jedoch mit der Maßgabe, daß der Gesammtbetrag des hinterlegten Geldes die Hälfte des eingezahlten Grundkapitals nicht übersteigen darf;[8])
6. die Besorgung der Einziehung von Wechseln, Anweisungen und ähnlichen Papieren.

Verfügbares Geld[9]) dürfen die Hypothekenbanken nutzbar machen durch Hinterlegung bei geeigneten Bankhäusern,[10]) durch Ankauf ihrer Hypothekenpfandbriefe[11]) und ihrer gemäß Abs. 1 Nr. 2, 3 ausgegebenen Schuldverschreibungen,[12]) durch Ankauf solcher Wechsel[13]) und Werthpapiere, welche nach den Vorschriften des Bankgesetzes vom 14. März 1875 von der Reichsbank angekauft werden dürfen,[14]) sowie durch Beleihung von Werthpapieren[15]) nach einer von der Hypothekenbank aufzustellenden Anweisung. Die Anweisung hat die beleihungsfähigen Papiere und die zulässige Höhe der Beleihung festzusetzen.[16])

Der Erwerb von Grundstücken ist den Hypothekenbanken nur zur Verhütung von Verlusten an

Hypotheken[17]) oder zur Beschaffung von Geschäftsräumen gestattet. In Ansehung eines solchen Erwerbes stehen in jedem Bundesstaate Hypothekenbanken, die in dem Gebiet eines anderen Bundesstaats ihren Sitz haben, den einheimischen Hypothekenbanken gleich.[18])

1. Das Gesetz hat den Erwerb von Hypotheken und Grundschulden, deren Veräußerung und Beleihung als selbstständigen, von dem eigentlichen Pfandbriefgeschäfte (§ 1) getrennten Geschäftszweig im Auge. Die für das Pfandbriefgeschäft geltenden Beschränkungen, §§ 11 bis 21, kommen für diesen Geschäftszweig nicht in Betracht, insbesondere sind, wenn der Erwerb von Hypotheken und Grundschulden durch Beleihung von Grundstücken erfolgt, die §§ 14 bis 21 nicht maßgebend. So steht es den H.B. auch frei, innerhalb dieses Geschäftszweigs Gruben, Brüche, Bergwerke u. s. w. sowie die im Artikel 68 E. z. B.G.B. bezeichneten Rechte zu beleihen, vgl. § 12 Abs. 3 Satz 2 bis 4. Auch der Erwerb von Rentenschulden erscheint nicht als ausgeschlossen, denn wenn das Gesetz im § 40 Abs. 1 nur die Grundschulden den Hypotheken gleichstellt, so hat es dabei, wie Begr. 57 ergiebt, allein das Pfandbriefgeschäft im Auge.

Selbstverständlich ist die H.B. in der Lage, in diesem Nebengeschäftszweig erworbene Hypotheken oder Grundschulden, welche den Vorschriften der §§ 11, 12 entsprechen, zur P.D. zu verwenden. Daß diese Hypotheken auch den Vorschriften der §§ 14 bis 21 entsprechen, ist nicht erforderlich, vgl. § 10. Vgl. auch § 24 Nr. 2, § 25 Abs. 2, § 27.

2. Nicht schlechthin juristische Personen des öffentlichen Rechtes, § 89 B.G.B., also nicht Stiftungen und Anstalten des öffentlichen Rechtes; zu den letzteren ge-

hören beispielsweise die preußischen Landfeuersocietäten und die Universitäten. Den Fiskus rechnet das B.G.B. nicht zu den Körperschaften d. ö. R. Unter Körperschaften des öffentlichen Rechtes sind vielmehr nur zu verstehen die öffentlich-rechtlichen Vereine. Dieser Begriff beschränkt sich aber nicht auf Gemeinden oder weitere kommunale Verbände, Kirchengesellschaften mit juristischer Persönlichkeit u. dergl., begreift vielmehr auch gewisse zu wirthschaftlichen Zwecken gebildete Vereinigungen, denen nach dem maßgebenden Reichs- oder Landesrecht die Eigenschaft als juristische Personen des öffentlichen Rechtes zukommt. Als reichsrechtliche Körperschaften d. ö. R. sind u. A. zu nennen die Innungen (Gewerbe-Ordnung Titel VI in der Fassung der Novelle vom 26. Juli 1897); preußisch-rechtliche K. d. ö. R. sind u. A. Waldgenossenschaften (Ges. v. 6. Juli 1875), Haubergsgenossenschaften (Ges. v. 17. März 1879), Deichgenossenschaften (Ges. v. 28. Januar 1848).

3. Vgl. § 41.

4. Kleinbahnen im Sinne dieser Vorschrift sind dem öffentlichen Verkehre dienende Eisenbahnunternehmungen, welche der Eisenbahnverkehrsordnung vom 26. Oktober 1899 (Reichs-Gesetzbl. S. 557) nicht unterliegen, § 473 H.G.B. (Begr. 24). Für Preußen vgl. § 1 des Ges. über Privatbahnen und Privatanschlußbahnen vom 28. Juli 1892 und Gesetz, betr. das Pfandrecht an Privateisenbahnen und Kleinbahnen und die Zwangsvollstreckung in dieselben, vom 19. August 1895.

Die Beleihung von Vollbahnen ist nicht gestattet (K.B. 6).

5. Vgl. § 42.

6. Das Verbot beschränkt sich nicht auf Börsentermingeschäfte (§ 48 des Börsenges. v. 22. Juni 1896), überhaupt nicht auf Fixgeschäfte (§ 376 H.G.B., § 361 B.G.B.), begreift vielmehr alle Geschäfte, die nicht Kassageschäfte sind. Da die Vorschrift bezweckt, die Be-

nutzung des Kommissionsgeschäfts zu Spekulationen zu verhindern (Begr. 25), so werden durch das Verbot auch Geschäfte betroffen, die zwar in der Form eines Kassageschäfts geschlossen werden, jedoch denselben Zweck verfolgen, wie Ultimogeschäfte (K.B. 6).

7. Vgl. §§ 688 bis 700 B.G.B.

8. Die Beschränkung ist für erforderlich erachtet worden, weil den H.B. aus der Annahme von Gelddepositen in größerem Umfange zu Zeiten einer Krisis sehr erhebliche Schwierigkeiten erwachsen können (Begr. 25). Sie bezieht sich nach dem Wortlaute nur auf hinterlegtes Geld. Auf die Hinterlegung von Werthpapieren, die in der Art erfolgt, daß das Eigenthum auf die H.B. übergehen und diese nur verpflichtet sein soll, Papiere von gleicher Art zurückzugewähren (§ 700 Abs. 2 B.G.B.), kann sie, trotzdem hier dieselbe Gefahr besteht, nicht entsprechende Anwendung finden. In Ansehung des eingezahlten Grundkapitals vgl. Anm. 1 zu § 7.

9. Die Vorschriften des Abs. 2 beziehen sich nur auf die Nutzbarmachung verfügbaren Geldes. Demnach dürfen die im Abs. 2 genannten Geschäfte, soweit sie sich als Nebengeschäfte (vgl. Anm. *) und nicht lediglich als Hülfsgeschäfte des Hypothekenbankgeschäfts (wie z. B. der Ankauf von P.B. zum Zwecke der Verminderung des Pfandbriefumlaufs, vgl. § 6 Abs. 4 [Begr. 26]) darstellen, nur zu diesem Zwecke geschlossen werden. Andererseits greifen die im Abs. 2 vorgeschriebenen Beschränkungen bei anderen zulässigen Geschäften nicht Platz. Erhält die Bank Wechsel von ihren Schuldnern zum Zwecke der Begleichung von Verbindlichkeiten, so brauchen die Wechsel den Vorschriften des Bankgesetzes nicht zu entsprechen (K.B. 8).

10. Auch Einzel-Bankiers. Die Aufsichtsbehörde ist befugt, einzugreifen, wenn das betr. Bankhaus nicht die erforderliche Sicherheit gewährt (Begr. 26).

11. Die nach Maßgabe dieser Vorschrift angeschafften P.B. gelten als im Umlaufe befindlich, vgl. Anm. 1 zu § 6. Sie sind demnach nicht vom Pfandbriefkonto abzuschreiben, sondern auf Effektenkonto zu buchen und demgemäß in der Bilanz sowohl auf der Aktiv- wie auf der Passivseite zu berücksichtigen, vgl. § 24 Nr. 4, § 35 Abs. 3 (K.B. 27).

12. Vgl. Anm. 11. §§ 41, 42.

13. Also nicht Checks, Warrants u. dergl.

14. Bankgesetz vom 14. März 1875 (Reichs-Gesetzbl. S. 177).

§ 13. Die Reichsbank ist befugt, folgende Geschäfte zu betreiben:

Nr. 2. Wechsel, welche eine Verfallzeit von höchstens drei Monaten haben und aus welchen in der Regel drei, mindestens aber zwei als zahlungsfähig bekannte Verpflichtete haften, ferner Schuldverschreibungen des Reichs, eines deutschen Staats oder inländischer kommunaler Korporationen, welche nach spätestens drei Monaten mit ihrem Nennwerthe fällig sind, ... zu kaufen —;

Nr. 3. Zinsbare Darlehne — zu ertheilen, und zwar: b) gegen zinstragende oder spätestens nach einem Jahre fällige und auf den Inhaber lautende Schuldverschreibungen des Reichs, eines deutschen Staats oder inländischer kommunaler Korporationen oder gegen zinstragende auf den Inhaber lautende Schuldverschreibungen, deren Zinsen vom Reiche oder von einem Bundesstaate garantirt sind, gegen voll eingezahlte Stamm- und Stammprioritätsaktien und Prioritätsobligationen deutscher Eisenbahngesellschaften, deren Bahnen in Betrieb befindlich sind, sowie gegen Pfandbriefe landschaftlicher, kommunaler oder anderer unter staatlicher Aufsicht stehender Bodenkreditinstitute Deutschlands und deutscher Hypothekenbanken auf Aktien —;

Nr. 4. Schuldverschreibungen der vorstehend unter 3b bezeichneten Art zu kaufen —;

15. Jeder Art. Die Beleihung von Wechseln, Edelmetall, Waaren (Bankgesetz § 13 Nr. 3, a, d, e) ist nicht gestattet.

16. In Ansehung der Lombardgeschäfte sind Beschränkungen nicht für erforderlich erachtet worden, weil bei bloßer Lombardirung, die stets nur bis zu einem gewissen Prozentsatze des Kurses stattfindet und bei welcher im Falle eines größeren Kursrückganges der Verpfänder die Deckung zu ergänzen hat, Verluste der Bank nicht zu befürchten sind (K.B. 8).

Die Anweisung ist von dem Vorstande der H.B. zu erlassen. Sie hat insbesondere den Kreis der beleihungsfähigen Papiere und die Werthgrenze festzustellen. Der Aufsichtsbehörde steht eine Mitwirkung bei dem Erlaß der Anweisung nicht zu. Indessen wird ihr das Recht nicht zu versagen sein, auf Grund des § 4 die Beseitigung von Vorschriften zu veranlassen, welche einen Verlust der Bank zur Folge haben können (K.B. 8).

17. Vgl. § 6 Abs. 3, § 40 Abs. 2.

18. Vgl. Artikel 86 E. z. B.G.B.

Ausgabe von Hypothekenpfandbriefen.[1])

1. Hypothekenpfandbriefe im Sinne des Gesetzes sind nur die auf Grund von Hypotheken oder Grundschulden gemäß § 1 Abs. 1 ausgegebenen Schuldverschreibungen (vgl. Anm. 1 bis 3 zu § 1), wogegen die gemäß § 5 Abs. 1 Nr. 2, 3 gewährten Darlehen nur zur Ausgabe besonderer, als solche zu kennzeichnender Schuldverschreibungen verwendet werden dürfen (K.B. 9).

Die Ausgabe von Hypothekenpfandbriefen findet ihre Grenze einerseits in dem Umfange der zur Deckung der Pfandbriefe vorhandenen Hypotheken oder Grundschulden (§ 6), andererseits in einem Höchstbetrage, der in dem

Verhältnisse zu dem eigenen Kapital der Bank festgesetzt ist (§ 7), (Begr. 27).

Die Ausgabe von Interimsscheinen vor Beschaffung der erforderlichen Deckung, in welchen die Lieferung der P.B. zugesagt wird, ist vom Gesetze nicht ausdrücklich zugelassen und daher unstatthaft.

§. 6.*)

Der Gesammtbetrag der im Umlaufe[1]) befindlichen Hypothekenpfandbriefe muß in Höhe des Nennwerths jederzeit durch Hypotheken[2]) von mindestens gleicher Höhe und mindestens gleichem Zinsertrage[3]) gedeckt sein.[4])

[5]) Die Deckung muß, soweit Hypotheken an landwirthschaftlichen[6]) Grundstücken dazu verwendet werden,[7]) mindestens zur Hälfte[8]) aus Amortisationshypotheken[9]) bestehen, bei denen der jährliche Tilgungsbeitrag[10]) des Schuldners nicht weniger als ein Viertheil vom Hundert des Hypothekenkapitals beträgt.[11]) Die Bank darf jedoch, falls solche Hypotheken vor der Zeit zurückbezahlt werden, an ihrer Stelle bis zum Ablaufe der planmäßigen Tilgungszeit Hypotheken anderer Art zur Deckung benutzen.

---

*) Die Vorschriften des § 6 sichern das Gleichgewicht zwischen P.B. und P.D. Die Innehaltung der Vorschriften wird außer durch die allgemeinen Befugnisse der Aufsichtsbehörde, vgl. Anm. 3 zu § 4, durch die Kontrole seitens des Treuhänders, § 30 Abs. 1, 3, und die Strafvorschriften des § 37 Abs. 1 und des § 38 sichergestellt.

Steht der Bank eine Hypothek an einem Grundstücke zu, das sie zur Verhütung eines Verlustes an der Hypothek erworben hat, so darf diese als Deckung von Hypothekenpfandbriefen höchstens mit der Hälfte des Betrags in Ansatz gebracht werden, mit welchem sie vor dem Erwerbe des Grundstücks durch die Bank als Deckung in Ansatz gebracht war.[12])

[13]) Ist in Folge der Rückzahlung von Hypotheken oder aus einem anderen Grunde die vorgeschriebene Deckung in Hypotheken nicht mehr vollständig vorhanden und ist weder die Ergänzung durch andere Hypotheken noch die Einziehung eines entsprechenden Betrags von Hypothekenpfandbriefen sofort ausführbar, so hat die Bank die fehlende Hypothekendeckung einstweilen durch Schuldverschreibungen des Reichs oder eines Bundesstaats oder durch Geld[14]) zu ersetzen.[15]) Die Schuldverschreibungen dürfen höchstens mit einem Betrag in Ansatz gebracht werden, der um fünf vom Hundert des Nennwerths unter ihrem jeweiligen Börsenpreise bleibt.[16])

1. Zu den im Umlaufe befindlichen P.B. gehören auch verlooste oder gekündigte P.B., die am Einlösungstage nicht bei der Bank vorgelegt sind, ferner solche P.B., die von der H.B. gemäß § 5 Abs. 2 angeschafft sind, vgl. Anm. 11 zu § 5 (Begr. 27, K.B. 10).

2. Vgl. § 40 Abs. 1 und Anm. 3 zu § 1. Die Hypotheken oder Grundschulden müssen den §§ 11 und 12 entsprechen, nicht dagegen den §§ 14 bis 21, vgl. § 10 Anm. 1.

3. Eine Beziehung zwischen den einzelnen P.B. und bestimmten Hypotheken besteht nicht; demnach kann auch

nur der Gesammtbetrag der Hypothekenzinsen dem Gesammtbetrage der Pfandbriefzinsen gegenübergestellt werden (K.B. 27).

4. Dies ist nur der Fall, wenn die Hypotheken auch in das Hypothekenregister eingetragen sind und dadurch das Vorzugsrecht der P.G. begründet ist, vgl. § 22 Abs. 1, § 35 Abs. 1.

Fälle, in denen zur P.D. verwendete Hypotheken oder Grundschulden nicht nach ihrem vollen Betrag als Deckung in Ansatz gebracht werden dürfen, siehe § 6 Abs. 3, § 40 Abs. 2 und Anm. 7 zu § 23 Abs. 2.

Die Vorschrift des § 6 Abs. 1 schreibt das Mindestmaß der P.D. durch Hypotheken oder Grundschulden vor, das, abgesehen von dem im Abs. 4 bezeichneten Falle, stets vorhanden sein muß. Ueber eine vorhandene Ueberdeckung darf die H.B. frei verfügen, § 31 Abs. 2 Satz 1.

5. Auf die Deckung der P.B. durch Hypotheken, die vor dem Inkrafttreten des Gesetzes durch die H.B. satzungsgemäß erworben sind, findet Abs. 2 keine Anwendung, § 49.

6. Vgl. § 582 B.G.B. Es kommt nicht auf die örtliche Lage, sondern auf die wirthschaftliche Verwendung an. Landwirthschaftliche Grundstücke sind auch die dem forstwirthschaftlichen Betrieb oder der Gewinnung gärtnerischer Erzeugnisse dienenden Grundstücke (Begr. 27).

7. Die Verwendung solcher Hypotheken zur P.D. steht im Belieben der H.B., vgl. N.B. § 2 Abs. 1.

8. Die Hälfte der Deckung, insoweit Hypotheken auf landwirthschaftlichen Grundstücken verwendet werden, nicht die Hälfte der zur Deckung verwendeten Hypotheken dieser Art.

9. Vgl. §§ 19 bis 21 und oben Anm. 2.

10. Vgl. § 19 Abs. 2.

11. Vgl. § 21 Abs 1 Satz 2.

12. Auch diese Hypotheken unterliegen ihrem vollen Betrage nach dem Vorzugsrechte der Pfandbriefgläubiger,

§ 35; nur soweit es sich um die Frage handelt, ob das Gleichgewicht zwischen P.B. und Hypotheken gewahrt ist, sind sie nur zur Hälfte des Betrags zu berücksichtigen, mit dem sie früher in Rechnung gestellt waren. Vgl. § 40 Abs. 2, § 23 Abs. 2 und Anm. 7 dazu.

13. Das im Abs. 4 vorgesehene Auskunftsmittel ist nur zulässig zum Zwecke der zeitweiligen Ergänzung einer bei der Ausgabe der P.B. vorhanden gewesenen Deckung. Es ist nicht statthaft, um die Deckung für die Ausgabe der P.B. auf die vorgeschriebene Höhe zu bringen.

Bei der Bemessung der Ersatzdeckung sind auch die Pfandbriefzinsen zu berücksichtigen, vgl. Anm. 1 zu § 30.

14. Banknoten sind nicht ausgeschlossen (K.B. 12).

15. Geld muß in den Mitverschluß des Treuhänders gelangen, um das Vorzugsrecht der Pfandbriefgläubiger zu begründen, bei Werthpapieren genügt schon die Eintragung in das Hypothekenregister, § 22, § 35 Abs. 1.

16. Bei Kursrückgängen ist die Deckung entsprechend zu ergänzen; durch Kurssteigerungen kann ein Theil der Deckung frei werden, § 31 Abs. 2 Satz 1. Vgl. auch § 23 Abs. 2 und Anm. 7 dazu.

Dem Vorzugsrechte der P.G. (§ 35) unterliegen die Werthpapiere nach ihrem vollen Betrage, vgl. auch Anm. 1 zu § 22.

§. 7.*)

Die Hypothekenbanken dürfen Hypothekenpfandbriefe nur bis zum fünfzehnfachen Betrage des eingezahlten[1]) Grundkapitals und des ausschließlich zur

*) Wegen der Anwendbarkeit des § 7 auf die zur Zeit des Inkrafttretens des Gesetzes bestehenden H.B. vgl. § 46 Abs. 2, § 48.

Besondere Vorschriften zur Sicherung der Innehaltung der im § 7 enthaltenen Beschränkung enthält das Gesetz nicht. Insbesondere liegt dem Treuhänder als solchem (§ 29) die Kontrole nicht ob. Jedoch kann die Aufsichts-

Deckung einer Unterbilanz[2]) oder zur Sicherung der Pfandbriefgläubiger[3]) bestimmten Reservefonds[4]) ausgeben.

1. Auch durch Einlagen, welche nicht in Baarzahlungen bestehen, § 186 Abs. 2, § 279 H.G.B.

Das eingezahlte Grundkapital kommt für die Ausgabe von P.B. nur insoweit in Betracht, als es noch vorhanden ist. Ergiebt sich in Folge von Verlusten eine Unterbilanz, so ist für die Frage, ob weitere P.B. ausgegeben werden dürfen, nur das verminderte Kapital maßgebend. Eine Zurückzahlung des Grundkapitals ist unzulässig, soweit bereits P.B. auf Grund des in Frage kommenden Theiles ausgegeben sind (Begr. 30).

2. Vgl. § 262 H.G.B.

3. An einer solchen Sonderrücklage steht den P.G. ein Vorzugsrecht nicht zu. Sie dient lediglich zur Stärkung der finanziellen Lage der Gesellschaft.

4. Bezüglich einer Vertheilung des die gesetzlich oder anderweitig vorgeschriebene Höhe übersteigenden Theiles der Rücklagen gilt dasselbe, was in Anm. 1 bezüglich der Rückzahlung des Grundkapitals bemerkt ist.

§. 8.

In den Hypothekenpfandbriefen sind die für das Rechtsverhältniß zwischen der Hypothekenbank und den Pfandbriefgläubigern maßgebenden Bestimmungen, insbesondere in Betreff der Kündbarkeit der Hypothekenpfandbriefe, ersichtlich zu machen.[1])

Die Hypothekenbank darf auf das Recht zur Rückzahlung[2]) der Hypothekenpfandbriefe höchstens

---

behörde kraft ihres allgemeinen Aufsichtsrechts für die Beachtung der Vorschrift Sorge tragen. Vgl. Anm. 3 zu § 4.

für einen Zeitraum von zehn Jahren verzichten.[3]) Den Pfandbriefgläubigern darf ein Kündigungsrecht nicht eingeräumt werden.[4])

1. Es genügt nicht eine Verweisung auf die Satzungen der Bank oder auf andere derartige Bestimmungen (Begr. 30); vgl. ferner § 30 Abs. 3, § 38.

2. Es muß die Rückzahlung, nicht lediglich die Kündigung in dem Zeitpunkte, mit welchem die zehnjährige Frist abläuft, möglich sein (Begr. 30).

3. Vgl. § 18 Abs. 2. Der Zusammenhang beider Bestimmungen soll dahin führen, daß wenn eine H.B. auf die Rückzahlung der P.B. für eine gewisse Zeit verzichtet, auch bei den als P.D. dienenden Hypotheken im Großen und Ganzen für den gleichen Zeitraum die Rückzahlung ausgeschlossen wird (Begr. 30); N.B. § 2 Abs. 4.

4. Sind vor dem Inkrafttreten des Gesetzes P.B. ausgegeben, die seitens der Besitzer gekündigt werden können, so wird deren Umlauf nicht berührt (Begr. 31).

§. 9.

Die Ausgabe von Hypothekenpfandbriefen, deren Einlösungswerth den Nennwerth übersteigt, ist nicht gestattet.[1])

1. Zuschlagshypothekenpfandbriefe N.B. § 2 Abs. 2.

Bedingungen bei der Gewährung hypothekarischer Darlehen.[1])

1. Die Vorschriften der §§ 10 bis 21 betreffen nur die Beleihungen, welche im Betriebe des Pfandbriefgeschäfts erfolgen. Auf den Erwerb von Hypotheken oder Grundschulden, der als Nebengeschäft betrieben wird (vgl. Anm. 1 zu § 5), finden diese Vorschriften keine Anwendung. Durch die Satzung der H.B. können noch strengere Anforderungen gestellt werden.

§. 10.

Als Deckung für Hypothekenpfandbriefe dürfen nur Hypotheken benutzt werden, welche den in den §§. 11, 12 bezeichneten Erfordernissen entsprechen.[1])

1. Das Gesetz stellt nur die allgemeinen Grundsätze auf, welche den H.B. als Richtschnur zu dienen haben. Der Schwerpunkt wird immer in der sachgemäßen Prüfung und Würdigung der Umstände des einzelnen Falles durch die Verwaltungsorgane der H.B. und der von ihnen beauftragten Taxatoren liegen (Begr. 30).

Die Ueberwachung der Verwendung vorschriftsmäßiger Hypotheken und Grundschulden zur P.D. ist innerhalb der im § 30 Abs. 1 bezeichneten Grenzen Pflicht des Treuhänders (§ 29). Außerdem ist die Aufsichtsbehörde befugt, die Beobachtung der §§ 11 bis 12 nach jeder Richtung zu prüfen, vgl. § 4 Abs. 1. Selbstverständlich kann ein Verstoß gegen diese Vorschriften eine zivilrechtliche Verantwortlichkeit der H.B. gegenüber den P.G. begründen.

Die Vorschriften der §§ 11, 12 finden auch Anwendung, wenn die H.B. die Hypotheken oder Grundschulden von Dritten erwirbt, vgl. Anm. 3 zu § 1, Anm. 1 zu § 5.

Vgl. ferner § 6 Abs. 2, 3, § 21 Abs. 1 Satz 2, § 23, Abs. 2, § 40 Abs. 2. Auf die Deckung der P.B. durch Hypotheken, die vor dem Inkrafttreten des Gesetzes von einer H.B. gemäß den Bestimmungen ihrer Satzung erworben sind, finden die Vorschriften der §§ 10 bis 12 keine Anwendung, § 49.

§. 11.

Die Beleihung ist auf inländische Grundstücke[1]) beschränkt und der Regel nach nur zur ersten Stelle zulässig.[2])

Die Beleihung darf die ersten drei Fünftheile des Werthes des Grundstücks[3]) nicht übersteigen.[4]) Die Zentralbehörde eines Bundesstaats kann die Beleihung landwirthschaftlicher Grundstücke[5]) in dem Gebiete des Bundesstaats oder in Theilen dieses Gebiets bis zu zwei Drittheilen des Werthes gestatten.[6])

1. Vgl. Anm. 1 zu § 1.

2. Die Vorschrift bezieht sich sowohl auf die Eintragungen in der zweiten wie in der dritten Abtheilung des Grundbuchs.

Grundsätzlich soll den H.B. die bevorzugte Stellung gesichert werden, die im Falle der Zwangsversteigerung dem ersteingetragenen Gläubiger zukommt. Schlechthin wird die erste Stelle schon deshalb nicht gefordert, weil sich im Grundbuche nicht selten ältere Lasten oder Schuldposten eingetragen finden, die thatsächlich ihre Erledigung gefunden haben, aber nur mit unverhältnißmäßigen Schwierigkeiten zu beseitigen sind (Begr. 32). Im Uebrigen können zweitstellige Hypotheken zur P.D. nur in Ausnahmefällen zugelassen werden. Ob die vorgehende Hypothek in den Händen von Landschaften bezw. öffentlichen Kreditanstalten oder von Privaten sich befindet, begründet keinen Unterschied (K.B. 12).

3. Vgl. § 12.

4. Unter Umständen kann die H.B. in die Lage kommen, Grundstücke über diese Werthsgrenze hinaus beleihen zu müssen; über das in diesem Falle zu beobachtende Verfahren bei der Benutzung der Hypothek zur P.D. vgl. Anm. 7 zu § 23 Abs. 2.

5. Vgl. Anm. 6 zu § 6.

6. Für alle Beleihungen, welche in dem betreffenden Gebiet erfolgen, ohne Unterschied, ob die H.B. innerhalb oder außerhalb dieses Gebiets ihren Sitz hat. Ob

die einzelne H.B. von dieser Erlaubniß Gebrauch machen kann, richtet sich in erster Linie nach ihren Satzungen (Begr. 33).

§. 12.*)

Der bei der Beleihung angenommene Werth des Grundstücks darf den durch sorgfältige Ermittelung [1]) festgestellten Verkaufswerth nicht übersteigen. Bei der Feststellung dieses Werthes sind nur die dauernden Eigenschaften des Grundstücks und der Ertrag zu berücksichtigen, welchen das Grundstück bei ordnungsmäßiger Wirthschaft jedem Besitzer nachhaltig gewähren kann.[2])

Soweit vor der Beleihung die Grundstücke durch eine öffentliche Behörde des Gebiets, in welchem sie liegen, abgeschätzt werden, kann der Bundesrath bestimmen, daß der bei der Beleihung angenommene Werth auch den durch eine solche Abschätzung festgestellten Werth nicht übersteigen darf.

Die zur Deckung von Hypothekenpfandbriefen verwendeten Hypotheken an Bauplätzen[3]) sowie an solchen Neubauten, welche noch nicht fertiggestellt und ertragsfähig sind, dürfen zusammen den zehnten Theil des Gesammtbetrags der zur Deckung der Hypothekenpfandbriefe benutzten Hypotheken[4]) sowie den halben Betrag des eingezahlten[5]) Grundkapitals nicht überschreiten.[6]) Im Uebrigen sind Hypotheken

*) Auf die Deckung der P.B. durch Hypotheken, die vor dem Inkrafttreten des Gesetzes erworben sind, finden die Vorschriften des § 12 keine Anwendung, § 49.

an Grundstücken, die einen dauernden Ertrag nicht gewähren,[7]) insbesondere an Gruben und Brüchen, von der Verwendung zur Deckung von Hypothekenpfandbriefen ausgeschlossen. Das Gleiche gilt von Hypotheken an Bergwerken.[8]) Hypotheken an anderen Berechtigungen, für welche die sich auf Grundstücke beziehenden Vorschriften Anwendung finden, sind von der Verwendung zur Deckung von Hypothekenpfandbriefen ausgeschlossen, sofern die Berechtigungen einen dauernden Ertrag nicht gewähren.[9])

1. Das Verfahren behufs der Werthermittelung im Einzelfall ist durch die gemäß § 13 zu erlassende Anweisung zu regeln. § 12 enthält lediglich die materiellen Grundsätze. Es bedarf nicht unter allen Umständen der Aufnahme einer Taxe; vielmehr kann für einfachere Fälle, Beleihungen in kleineren Städten u. dgl. eine erleichterte Form der Werthermittelung in der Anweisung vorgesehen werden, unbeschadet der Verantwortlichkeit der H.B. für die Einhaltung der materiellen Vorschriften des § 12 (K.B. 15).

2. Zu Grunde zu legen ist stets der Verkaufswerth. Wenn das Gesetz auch auf den Ertrag verweist, so soll damit nur die Sicherheit geschaffen werden, daß bei der Werthermittelung der Ertrag seiner großen Bedeutung für den Verkaufswerth entsprechend gebührend berücksichtigt wird. Es soll nicht eine doppelte Taxe in der Art gefordert werden, daß bei jeder Beleihung sowohl der Verkaufswerth zu schätzen, als auch der Ertrag zu kapitalisiren und beide Werthe dann als selbstständige Faktoren für die Festsetzung der Beleihungsgrenze zu berücksichtigen sind (Begr. 33). Um dies zum Ausdrucke zu bringen, spricht das Gesetz, abweichend von § 1515 Abs. 2, 3, §§ 2049, 2312 B.G.B., Artikel 137 E. z. B.G.B.

und § 3 Nr. 2 N.B., nicht vom Ertragswerthe, sondern nur vom Ertrage.

Da der Ertrag „jedem" Besitzer zugänglich sein muß, so dürfen die individuellen Verhältnisse des derzeitigen Besitzers, besondere Kenntnisse und Fähigkeiten oder dergl. nicht berücksichtigt werden. Dies ist namentlich bei der Beleihung von Grundstücken zu berücksichtigen, auf denen sich industrielle Etablissements befinden (K.B. 15), vgl. N.B. § 3 Nr. 2 Abs. 3.

3. Ob eine Bauplatzhypothek vorliegt, wird sich im Allgemeinen danach bestimmen, ob bei der Ermittelung des Werthes die Bebaubarkeit als entscheidender Faktor berücksichtigt und die Beleihung dementsprechend hoch gewährt, die Bebauung aber noch nicht erfolgt ist. Auch bereits bebaute Grundstücke können unter besonderen Verhältnissen als Bauplätze beliehen sein. Eine Hypothek auf einem landwirthschaftlichen Grundstücke, das zwar vermöge seiner Lage zur Bebauung geeignet wäre, dessen Werth aber bei der Beleihung ohne Rücksicht auf diese Eigenschaft ermittelt ist, ist dagegen nicht als Hypothek auf einem Bauplatz im Sinne dieser Vorschrift anzusehen (Begr. 35.)

4. Im Falle des § 6 Abs. 4 der gesammten zur P.D. verwendeten Werthe.

5. Vgl. Anm. 1 zu § 7.

6. Durch die Vorschrift sollen die H.B. verhindert werden, dem an sich, abweichend von N.B. § 3 Nr. 3, völlig freigegebenen Baugeldgeschäft einen übermäßigen Theil ihres Kapitals zuzuwenden.

Vgl. § 28 Abs. 1 Nr. 2.

7. Für die Frage, ob ein dauernd ertragsfähiges Grundstück vorliegt, ist nicht der Gesichtspunkt entscheidend, ob der Ertrag während der Dauer des Vertragsverhältnisses bei ordnungsmäßiger Wirthschaft vorhanden sein wird. Vielmehr ist auch ein solches Grund-

stück nicht dauernd ertragsfähig, dessen Produktion sich nach dem natürlichen Laufe der Dinge einmal, wenn auch lange nach dem voraussichtlichen Ende des Vertragsverhältnisses erschöpfen muß. Deshalb sind Hypotheken an Gruben und Brüchen sowie Bergwerken schlechthin von der Verwendung zur P.D. ausgeschlossen. Das Gleiche wird von Mooren und Torfstichen zu gelten haben, vgl. N.B. § 3 Nr. 3. Bei Waldgrundstücken entscheidet die Art der Bewirthschaftung.

8. Vgl. Anm. 7.

9. Vgl. Anm. 1 zu § 1. In Ansehung der im Artikel 68 E. z. B.G.B. bezeichneten Berechtigungen gilt dasselbe wie für Bergwerke.

§. 13.

Die Hypothekenbank hat auf Grund der Vorschriften des §. 12 eine Anweisung über die Werthermittelung zu erlassen;[1]) die Anweisung bedarf der Genehmigung der Aufsichtsbehörde.[2])

Nimmt die Bank hypothekarische Beleihungen in dem Gebiet eines Bundesstaats vor, in dem sie nicht ihren Sitz hat, so ist die Anweisung auch der Aufsichtsbehörde dieses Bundesstaats einzureichen. Ueber Beanstandungen, die von der Behörde erhoben werden, beschließt, wenn die Erledigung in anderer Weise nicht zu erreichen ist, der Bundesrath; die Beschlußfassung des Bundesraths wird auf Antrag durch den Reichskanzler herbeigeführt.[3])

1. Vgl. Anm. 1 zu § 12. Die Anweisung soll die Beachtung der in §§ 11 und 12 enthaltenen Vorschriften durch Regelung eines geeigneten Werthermittelungsverfahrens sicherstellen. Sie ist maßgebend, solange eine

Aenderung nicht von der Aufsichtsbehörde genehmigt ist. Eine Abweichung von dem so geregelten Verfahren erscheint zwar nicht als schlechthin ausgeschlossen, doch macht sich die H.B. der Aufsichtsbehörde verantwortlich, auch können Schwierigkeiten bei der dem Treuhänder im § 30 Abs. 1 vorgeschriebenen Prüfung erwachsen. Es wird sich daher die möglichste Berücksichtigung aller denkbaren Fälle bei der Aufstellung empfehlen. Im Einzelnen entscheidet über die an die Anweisung zu stellenden Anforderungen das Ermessen der Aufsichtsbehörde, das auch dahin führen kann, an die einzelnen H.B. verschiedene Anforderungen zu stellen, je nach der Sicherheit, welche das Geschäftsgebahren der betreffenden H.B. für die Beachtung der §§ 11, 12 bietet.

2. Vgl. § 3.

3. Die Vorschrift bezweckt namentlich dem Uebelstand abzuhelfen, daß die Aufsichtsbehörde des Bundesstaats, in welchem die H.B. ihren Sitz hat, laxere Werthermittelungsgrundsätze gestattet, als die Aufsichtsbehörde des Staates, in welchem die H.B. ihre Beleihungen vornimmt, ihren H.B. einräumt und daß dadurch die letzteren benachtheiligt werden.

Der Aufsichtsbehörde des Beleihungsstaats werden durch die Vorschrift keinerlei Aufsichtsbefugnisse über die H.B. eingeräumt. Insbesondere ist sie nicht in der Lage, die Vornahme der Beleihung zu untersagen. Dagegen kann die für die H.B. zuständige Aufsichtsbehörde, sofern sie etwaigen Beanstandungen Folge zu geben gewillt ist, die Beleihung verhindern und die H.B. zur Aenderung der Anweisung, sei es im Allgemeinen, sei es nur für Beleihungen in dem betreffenden Staate veranlassen, vgl. § 4 Abs. 1. Bis zum Erlaß einer solchen Anordnung hat die H.B. bei der Vornahme von Beleihungen nach Maßgabe ihrer Anweisung zu verfahren.

Vgl. auch § 15 Abs. 2.

§. 14.

Die hypothekarischen Darlehen sind in Geld zu gewähren.[1])

Die Gewährung von Darlehen in Hypothekenpfandbriefen[2]) der Bank zum Nennwerth[3]) ist nur zulässig, wenn die Satzung der Bank sie gestattet und der Schuldner ausdrücklich[4]) zustimmt. In diesem Falle ist dem Schuldner urkundlich das Recht einzuräumen, die Rückzahlung der Hypothek nach seiner Wahl in Geld oder in Hypothekenpfandbriefen der Bank, die derselben Gattung[5]) angehören wie die empfangenen, nach dem Nennwerthe zu bewirken. Hypothekenpfandbriefe, die bei der amtlichen Feststellung des Börsenpreises nicht unterschieden werden, gelten im Sinne dieser Vorschrift stets als zu derselben Gattung gehörig.[6])

1. Die Rückzahlung eines baaren Darlehns in P.B. ist nicht gestattet (K.B. 17).

2. Einer nachtheiligen Beeinflussung des Pfandbriefkurses durch unzeitige Verkäufe des Darlehnsempfängers kann die Bank dadurch vorbeugen, daß sie sich das Recht vorbehält, den Verkauf der Pfandbriefe selbst auszuführen, oder die Pfandbriefe zum laufenden Kurse zu übernehmen (Begr. 36).

3. Den Kursverlust trägt der Darlehnsempfänger.

4. Nicht nothwendig schriftlich.

5. Sofern der im Abs. 2 Satz 2 vorgesehene Fall nicht gegeben ist, kommt es darauf an, ob die P.B. den Besitzern gleiche oder verschiedene Rechte gewähren. Namentlich ist die Höhe der Zinsen oder die Art und Zeit der Rückzahlung maßgebend. Pfandbriefe, die einer regelmäßigen Verloosung unterliegen, sind der Gattung

nach verschieden von Pfandbriefen, für die eine planmäßige Tilgung nicht festgesetzt ist. Ebenso verhält es sich mit Pfandbriefen, hinsichtlich deren sich die H.B. des Rechtes der Rückzahlung für bestimmte Zeit begeben hat, gegenüber solchen, die jeder Zeit kündbar sind (Begr. 36).

6. Daraus folgt nicht, daß umgekehrt bei getrennter Kursnotiz unter allen Umständen verschiedene Gattungen von P.B. anzunehmen wären (Begr. 36).

§. 15.

Die Grundzüge der Bedingungen für die hypothekarischen Darlehen sind von der Hypothekenbank festzustellen;[1]) die Grundzüge bedürfen der Genehmigung der Aufsichtsbehörde. In den Bedingungen ist namentlich zu bestimmen, welche Nachtheile den Schuldner bei nicht rechtzeitiger Zahlung treffen sowie unter welchen Voraussetzungen die Bank befugt ist, die vorzeitige Rückzahlung der Hypothek zu verlangen.[2])

Nimmt die Bank Beleihungen in dem Gebiet eines Bundesstaats vor, in dem sie nicht ihren Sitz hat, so kann die Aufsichtsbehörde dieses Bundesstaats verlangen, daß ihr die Grundzüge der Darlehensbedingungen eingereicht werden. Auf die Erledigung von Beanstandungen finden die Vorschriften des §. 13 Abs. 2 Satz 2 ensprechende Anwendung.[3])

Der Aufsichtsbehörde des im Abs. 2 bezeichneten Bundesstaats ist auf ihr Verlangen alljährlich ein Verzeichniß der hypothekarischen Beleihungen einzureichen, welche die Bank in dem Gebiete des Bundesstaats vorgenommen hat.[4]) Der Bundesrath kann Bestimmungen über die Einrichtung und den Inhalt der Verzeichnisse erlassen.

1. Die Fixirung der Darlehnsbedingungen in den Grundzügen soll es einerseits der Aufsichtsbehörde ermöglichen, auf den Inhalt der Darlehnsbedingungen in geeigneter Weise einzuwirken, andererseits dem Darlehnssuchenden die Möglichkeit geben, die Bedingungen vorher zu prüfen. Die Grundzüge dürfen selbstverständlich nicht gegen die Vorschriften der §§ 14 bis 21 verstoßen. Die im Abs. 1 Satz 2 bezeichneten Bestimmungen müssen in den Grundzügen enthalten sein, ebenso werden sie über die im § 16 angegebenen Bedingungen zu bestimmen haben. Da es sich nur um Grundzüge handelt, so bedarf es nicht der Festlegung aller Einzelheiten. Auch ist eine durch besondere Umstände gebotene Abweichung von den Grundzügen nicht schlechthin ausgeschlossen.

2. Vgl. § 19 Abs. 1 Satz 2 und § 17.

3. Vgl. Anm. 3 zu § 13.

4. Das Verzeichniß der Beleihungen ist als sekret zu behandeln (K.B. 19).

§. 16.

In den von der Hypothekenbank verwendeten Darlehensprospekten und Antragsformularen[1]) sind alle Bestimmungen über die Art der Auszahlung der Darlehen, über Abzüge zu Gunsten der Bank,[2]) über die Höhe und Fälligkeit der Zinsen und der sonst dem Schuldner obliegenden Leistungen,[3]) über den Beginn einer Amortisation und über die Kündigung und Rückzahlung[4]) aufzunehmen.[5])

1. Es besteht kein Zwang zur Benutzung von Darlehnsprospekten oder Antragsformularen.

2. Verwaltungskostenbeiträge und ähnliche Leistungen, vgl. aber § 19 Abs. 2.

3. Z. B. Rückzahlungsprovision (vgl. aber § 18 Abs. 4); bei Amortisationsdarlehen der Tilgungsbeitrag oder der im § 20 Abs. 1 Satz 2 bezeichnete Betrag.

4. Vgl. §§ 20, 18, § 21 Abs. 1.

5. Die Verweisung auf die Satzungen der Bank oder die Grundzüge (§ 15) genügt nicht.

§. 17.*)

Im Falle einer Verschlechterung des beliehenen Grundstücks oder seiner Zubehörstücke, der ein unwirthschaftliches Verfahren des Besitzers nicht zu Grunde liegt, finden zu Gunsten der Hypothekenbank die Vorschriften der §§. 1133, 1135 des Bürgerlichen Gesetzbuchs über das Recht des Gläubigers auf sofortige Befriedigung aus dem Grundstücke nur in Ansehung des Betrags Anwendung, für welchen in dem verminderten Werthe des Grundstücks nicht mehr die nach dem Gesetz oder der Satzung erforderliche Deckung vorhanden ist.[1]) Ueber diesen Betrag hinaus darf sich die Bank für den Fall einer Verminderung des Werthes des Grundstücks das Recht, die vorzeitige Rückzahlung der Hypothek zu verlangen, nicht ausbedingen.

---

*) Die Vorschriften des § 17 Abs. 1 Satz 2, Abs. 2, 3 sind nur für Verträge maßgebend, die nach dem Inkrafttreten des Gesetzes abgeschlossen werden, § 49.

Die Bank darf sich für den Fall, daß ein Theil des Grundstücks veräußert und die Unschädlichkeit der Veräußerung für die Berechtigten nach Maßgabe der Landesgesetze von der zuständigen Behörde festgestellt wird, keine weiteren als die ihr gesetzlich zustehenden Rechte auf Sicherstellung oder Befriedigung vorbehalten.[2])

Es darf nicht bedungen werden, daß die Bank im Falle ihrer Auflösung die vorzeitige Rückzahlung der Hypothek verlangen kann.

1. Nach § 1133, 1135 B.G.B. kann der Hypothekengläubiger, sofern die Sicherheit der Hypothek in Folge einer Verschlechterung des beliehenen Grundstücks gefährdet ist, dem Eigenthümer eine angemessene Frist zur Beseitigung der Gefährdung bestimmen, und wenn nicht innerhalb der Frist die Gefährdung durch Verbesserung des Grundstücks oder durch anderweitige Hypothekenbestellung beseitigt worden ist, sofort für den ganzen Betrag seiner Forderung Befriedigung aus dem Grundstücke suchen.

Liegt ein unwirthschaftliches Verfahren des Besitzers, der nicht nothwendig mit dem Eigenthümer identisch ist (vgl. z. B. § 868 B.G.B.), zu Grunde, so bewendet es bei dem Grundsatze des B.G.B.

2. Artikel 120 E. z. B.G.B. Für Preußen vgl. Gesetz, betreffend den erleichterten Abverkauf kleiner Grundstücke, vom 3. März 1850 (Gesetz-Samml. S. 145), Gesetz, betreffend die Erleichterung der Abveräußerung einzelner Theile von Grundstücken in der Provinz Hannover, vom 25. März 1889 (Gesetz-Samml. S. 65), Ausführungsgesetz zum B.G.B. vom 20. September 1899 (Gesetz-Samml. S. 177) Artikel 19, 20.

§. 18.*)

Dem Schuldner ist urkundlich das Recht einzuräumen, die Hypothek ganz oder theilweise zu kündigen und zurückzuzahlen.[1])

Das Recht der Rückzahlung[2]) darf nur bis zu einem Zeitraume von zehn Jahren ausgeschlossen werden.[3]) Dieser Zeitraum beginnt mit der Auszahlung des Darlehens, im Falle der Auszahlung in Theilbeträgen mit der letzten Zahlung; wird nach der Auszahlung des Darlehens eine Vereinbarung über die Zeit der Rückzahlung getroffen, so beginnt der zehnjährige Zeitraum mit der Vereinbarung.

Die Kündigungsfrist darf neun Monate und bei Hypotheken, welche die Bank kündigen kann, auch die der Bank eingeräumte Kündigungsfrist nicht überschreiten.

Soweit es nach diesen Vorschriften nicht gestattet ist, das Recht des Schuldners zur Rückzahlung der Hypothek auszuschließen, darf sich die Bank eine Rückzahlungsprovision oder die Bestellung einer Sicherheit bei der Kündigung nicht ausbedingen.[4])

1. Dies gilt hinsichtlich aller Arten hypothekarischer Darlehen mit Einschluß derjenigen, welche für die H.B. selbst dauernd unkündbar sind, vgl. § 19 Abs. 1 (Begr. 38). Es müssen, in Abweichung von der Vorschrift des § 266 B.G.B., dem Schuldner stets Theilzahlungen

---

*) Die Vorschriften des § 18 sind nur für Verträge maßgebend, die nach dem Inkrafttreten des Gesetzes abgeschlossen werden, § 49.

gestattet werden. Abweichend von N.B. § 7 Abs. 2 enthält sich das Gesetz, abgesehen von den Amortisationsdarlehen § 21 Abs. 1, jeder Vorschrift über den Mindestbetrag der Theilzahlungen. Selbstverständlich können nicht Theilzahlungen von ganz beliebiger Höhe in Frage kommen, andererseits genügt auch nicht die Bewilligung irgendwelcher Theilzahlungen. Die Theilzahlungen dürfen nicht zu einer Belästigung der H.B. führen und sollen doch dem Schuldner die Abtragung der Schuld auf das Möglichste erleichtern. Im Einzelfalle werden die Höhe des Darlehns und die durch die Beschaffenheit des beliehenen Grundstücks bedingten Verhältnisse des Schuldners zu entscheiden haben. Die Grundsätze, nach welchen hierbei zu verfahren ist, werden in die Grundzüge (§ 15 Abs. 1) aufzunehmen sein.

Die Hypothek geht in Höhe des getilgten Betrags auf den Eigenthümer oder auf den persönlichen Schuldner mit der Maßgabe über, daß der Uebergang nicht zum Nachtheile der dem Gläubiger verbleibenden Hypothek geltend gemacht werden kann; der Resthypothek gebührt also der Vorrang, vgl. §§ 1143, 1164, 1172 bis 1174, 1176 B.G.B. Der Uebergang ist nicht davon abhängig, daß er in das Grundbuch eingetragen wird; der Gläubiger ist aber verpflichtet, zur Umschreibung des getilgten Betrags auf den Namen des Eigenthümers oder Schuldners, gegebenen Falles auch zur Herstellung eines Theilhypothekenbriefs oder zur Löschung des Betrags mitzuwirken. Die Kosten trägt derjenige, welcher die Berichtigung verlangt. §§ 894 bis 897, 1144, 1145, 1167 B.G.B. Abgesehen von dem Falle eines Amortisationsdarlehns (§ 21 Abs. 2), kann sich die Bank im Voraus von der Verpflichtung, diese Handlungen vorzunehmen, befreien. Jedoch wird von dieser Befugniß nur insoweit Gebrauch zu machen sein, als es erforderlich ist, um einer Belästigung der Bank vorzubeugen (vgl. § 31 Abs. 2 Satz 2), da es andererseits für den

Eigenthümer von größtem Werthe ist, behufs vollständiger Ausnutzung seines Realkredits und um Weiterungen bei einer Veräußerung des Grundstücks zu vermeiden, jederzeit das Grundbuch mit dem wirklichen Sachverhalt in Einklang bringen lassen zu können.

2. Der Rückzahlung, nicht nur der Kündigung, vgl. Anm. 2, 3 zu § 8.

3. Vgl. § 8 Abs. 2.

4. Die Vorschrift bezieht sich nur auf den Fall, daß die Rückzahlung nach Ablauf des Zeitraums von zehn Jahren erfolgen soll. Will der Schuldner die Rückzahlung früher bewirken, so kann die Bank die Annahme der Zahlung auch von der Entrichtung einer Entschädigung abhängig machen (Begr. 38).

§. 19.*)

Bei Amortisationshypotheken darf zu Gunsten der Bank ein Kündigungsrecht nicht bedungen werden.[1]) Eine Vereinbarung, welche der Bank das Recht einräumt, aus besonderen, in dem Verhalten des Schuldners liegenden Gründen die Rückzahlung der Hypothek vor der bestimmten Zeit zu verlangen, wird hierdurch nicht berührt.[2])

Die Jahresleistung des Schuldners darf nur die bedungenen Zinsen und den Tilgungsbeitrag[3]) enthalten.[4])

1. In Ansehung des Schuldners gelten die Vorschriften des § 18, jedoch mit der im § 21 Abs. 1 bezeichneten Maßgabe.

*) Die Vorschriften des § 19 sind nur für Verträge maßgebend, die nach dem Inkrafttreten des Gesetzes abgeschlossen werden, § 49.

2. Beispielsweise, weil der Schuldner wiederholt mit der Zahlung der Jahresleistung in Verzug gekommen ist (Begr. 39).

Das unmittelbar auf dem Gesetze beruhende Recht auf sofortige Rückzahlung im Falle des § 17 Abs. 1 wird durch diese Vorschrift nicht berührt (K.B. 20).

3. Oder den im § 20 Abs. 1 Satz 2 bezeichneten Betrag.

Ueber die Höhe des Tilgungsbeitrags enthält das Gesetz, abgesehen von der Vorschrift des § 6 Abs. 2, welche sich lediglich auf die Hälfte der zur P.D. verwendeten Hypotheken auf landwirthschaftlichen Grundstücken bezieht, vgl. Anm. 8 zu § 6, keine Bestimmung. Eine diesbezügliche Vorschrift des Entwurfs (§ 18 Abs. 3) ist von der Kommission gestrichen worden, weil kein genügender Grund für eine Beschränkung hinsichtlich der Höhe des Tilgungsbeitrags bestehe (K.B. 21). Hiernach würde es der Absicht des Gesetzgebers nicht entsprechen, wenn die Aufsichtsbehörde die Festsetzung des Tilgungsbeitrags in gewisser Höhe verlangte. Selbstverständlich kann sie aber einschreiten, wenn die Festsetzung eines niedrigen Tilgungsbeitrags die Amortisation zu einer bloßen Form herabdrückt.

4. Damit ist die Erhebung besonderer Verwaltungskostenbeiträge für Amortisationsdarlehen verboten.

Aus der Vorschrift des § 19 Abs. 2 in Verbindung mit § 20 Abs. 2 und § 21 Abs. 1 Satz 2 folgt, daß die Jahresleistung, von dem Falle des § 21 Abs. 1 Satz 2 abgesehen, gleich bleiben muß. Die Jahresleistung ist daher bis zur Beendigung der Amortisation von dem ursprünglichen Kapitale zu berechnen, jedoch mit der Maßgabe, daß die Zinsen, soweit sie auf den getilgten Theil des Kapitals entfallen (§ 20 Abs. 2), als verstärkende Amortisationsrate zur weiteren Tilgung des Darlehns zu benutzen sind.

§. 20.*)

Der Beginn der Amortisation darf für einen zehn Jahre nicht übersteigenden Zeitraum hinausgeschoben werden.[1]) Ist in einem solchen Falle in Folge der Hinausschiebung der Amortisation außer den bedungenen Zinsen ein Betrag an die Bank zu entrichten, so ist dieser in der Darlehensurkunde ersichtlich zu machen.[2])

Von dem Beginne der Amortisation an dürfen die Jahreszinsen von keinem höheren Betrag als von dem für den Schluß des Vorjahrs sich ergebenden Restkapitale[3]) berechnet werden; der Mehrbetrag der Jahresleistung ist zur Tilgung zu verwenden.[4])

1. Vgl. § 18 Abs. 2.

2. Die Vorschrift des Satz 2 soll sicherstellen, daß der Schuldner völlige Klarheit darüber erhält, was er in Folge der Hinausschiebung der Amortisation mehr zu leisten hat. Es muß klar zum Ausdrucke kommen, daß der als Amortisationsquote festgesetzte Betrag während des genau anzugebenden Zeitraums, für welchen die Amortisation hinausgeschoben wird, zu Gunsten der Bank verrechnet wird (K.B. 21, 22). Demnach wird auch in den Grundzügen (§ 15 Abs. 1) bezw. in den Darlehnsprospekten und Antragsformularen (§ 16) dieser Betrag nicht als Tilgungsbeitrag bezeichnet werden dürfen.

3. Vgl. § 21 Abs. 3.

*) Die Vorschriften des § 20 sind nur für Verträge maßgebend, die nach dem Inkrafttreten des Gesetzes abgeschlossen werden, § 49.

4. Es ist also nicht zulässig, an Stelle des verbotenen Verwaltungskostenbeitrags einen Theil der Zinsen dauernd von dem ursprünglichen Betrage der Hypothek zu berechnen und damit der Verwendung zur Amortisation zu entziehen, vgl. Anm. 4 zu § 19.

Andererseits stellt die Vorschrift klar, daß der amortisirte Betrag immer nur für den Schluß des Jahres ermittelt zu werden braucht, selbst wenn die Jahresleistungen in halbjährlichen oder vierteljährlichen Raten entrichtet werden. Die H.B. kann sich also das Recht ausbedingen, die zu ihren Gunsten zu verrechnenden Zinsen für das ganze Jahr von dem für den Schluß des Vorjahrs sich ergebenden Restkapitale zu berechnen (Begr. 40).

§. 21.*)

Das Recht des Schuldners zur theilweisen Rückzahlung der Hypothek kann bei Amortisationshypotheken in der Weise beschränkt werden,[1]) daß eine Zahlung von der Bank nur angenommen zu werden braucht, wenn die Zahlung dazu bestimmt und geeignet ist, die Tilgungszeit unter Beibehaltung der bisherigen Höhe der Jahresleistungen um ein Jahr oder um mehrere Jahre abzukürzen.[2]) Die Vorschrift findet jedoch keine Anwendung, wenn der Betrag der Zahlung den zehnten Theil des Restkapitals erreicht und der Schuldner verlangt, daß die späteren Jahresleistungen unter Beibehaltung der

*) Die Vorschriften des § 21 sind nur für Verträge maßgebend, die nach dem Inkrafttreten des Gesetzes abgeschlossen werden, § 49.

ursprünglichen Tilgungszeit herabgesetzt werden;[3]) in diesem Falle darf bei den im §. 6 Abs. 2 bezeichneten Hypotheken der jährliche Tilgungsbeitrag weniger als ein Viertheil vom Hundert des ursprünglichen Kapitals betragen; die Bank hat einen neuen Tilgungsplan aufzustellen.

Die Bank darf sich von der Verpflichtung, in Ansehung des amortisirten Betrags die ihr behufs der Berichtigung des Grundbuchs, der Löschung der Hypothek oder der Herstellung eines Theilhypothekenbriefs nach den Vorschriften des bürgerlichen Rechtes obliegenden Handlungen vorzunehmen, im voraus nicht befreien.[4])

Die Bank hat nach Veröffentlichung der Jahresbilanz jedem Schuldner auf Verlangen mitzutheilen, welcher Betrag der Hypothek am Schlusse des Vorjahrs amortisirt war.[5])

1. Die Vorschrift des § 18 Abs. 2 gilt auch für Amortisationshypotheken.

2. Zahlung auf Kürzung der Tilgungszeit. Wie die Zahlung bemessen sein muß, damit sie geeignet ist, die Tilgungszeit um ein oder mehrere Jahre abzukürzen, ist aus dem Amortisationsplane zu entnehmen. Der Schuldner hat in diesem Falle den Betrag zu zahlen, der aus der Jahresleistung jedes auszuschaltenden Jahres zur Tilgung der Kapitalschuld planmäßig zu entrichten sein würde, also nicht nur den als Tilgungsbeitrag festgesetzten Prozentsatz der Darlehnssumme, sondern auch die auf jedes auszuschaltende Jahr fallenden Zinsen desjenigen Betrags, der bis dahin planmäßig amortisirt sein sollte (Begr. 41), vgl. § 20 Abs. 2 und Anm. 4

zu § 19. Da der Schuldner die alte Jahresleistung auch nach der theilweisen Rückzahlung weiter zahlt, so versteht sich, daß der Betrag der Jahresleistung, der den Zinsen des vorzeitig zurückgezahlten Kapitals entspricht, zu seinen Gunsten verrechnet werden muß.

3. Zahlung auf Verminderung der Jahresleistung.

4. Vgl. Anm. 1 zu § 18.

Im Falle der Zahlung auf Kürzung der Tilgungszeit (Anm. 1) bleibt das hypothekarische Recht der H.B. auf unveränderte Fortentrichtung der bedungenen Jahresleistung auch nach Löschung oder Umschreibung des amortisirten Theiles bestehen.

5. Es genügt, wenn der Schuldner ein für allemal verlangt, daß ihm regelmäßig eine entsprechende Mittheilung gemacht werde.

Die Kosten der Mittheilung sind, da es sich um die Erfüllung einer gesetzlichen Verpflichtung der Bank handelt, von dieser zu tragen (Begr. 41).

Hypothekenregister.

§. 22.

Die zur Deckung der Hypothekenpfandbriefe bestimmten Hypotheken sind von der Bank einzeln in ein Register einzutragen.[1]) Im Falle des §. 6 Abs. 4 sind die ersatzweise zur Deckung bestimmten Werthpapiere gleichfalls in das Register einzutragen; die Eintragung hat die einzelnen Stücke zu bezeichnen.

Innerhalb des ersten Monats eines jeden Kalenderhalbjahrs ist eine von dem nach §. 29 bestellten Treuhänder beglaubigte Abschrift der Eintragungen, welche während des letzten Halbjahrs in dem Hypothekenregister vorgenommen worden sind, der Aufsichtsbehörde einzureichen. Die Abschrift wird von der Aufsichtsbehörde aufbewahrt.[2])

1. Wegen der bestehenden H.B. vgl. § 53.

Durch die Eintragung in das Register wird das Vorzugsrecht der P.G. (§ 35 Abs. 1 Satz 1) an den zur P.D. bestimmten Hypotheken, Grundschulden oder Werthpapieren begründet. Es dauert so lange, als die Hypotheken, Grundschulden oder Werthpapiere sich im Eigenthume der Bank befinden und die Löschung im Register nicht vorschriftsmäßig (§ 30 Abs. 4) erfolgt ist. Jedes in das Register eingetragene und im Eigenthume der H.B. befindliche Objekt haftet dem Vorzugsrechte der P.G. nach seinem vollen Betrag, auch wenn es bei der Berechnung, ob das Gleichgewicht zwischen den im Umlaufe befindlichen P.B. und der P.D. (§ 6 Abs. 1) vorhanden ist, nicht mit diesem vollen Betrag in Ansatz gebracht werden darf, vgl. § 23 Abs. 2 und Anm. 7 dazu. Zur P.D. verwendetes Geld (§ 6 Abs. 4) ist in das Register nicht einzutragen, vgl. im Uebrigen §§ 31, 35.

Das Register soll die dem Vorzugsrecht unterliegenden Hypotheken und Grundschulden nur erkennbar machen; es hat nicht den Zweck, als maßgebende Grundlage für die Ueberwachung des Gleichgewichts zwischen P.D. und den im Umlaufe befindlichen P.B. (§ 6 Abs. 1) zu dienen. Es ist daher auch nicht die Aufgabe des Registers, Auskunft über den jeweiligen Bestand der eingetragenen Hypotheken und Grundschulden zu ertheilen. Nachrichtliche Vermerke über geleistete Abzahlungen und über sonstige Minderungen der eingetragenen Hypotheken oder Grundschulden sind nicht in das Register aufzunehmen. Darüber haben vielmehr nur die Bücher der Bank Auskunft zu geben, vgl. auch § 23 Abs. 1 und § 32 Abs. 2. Die im § 30 Abs. 3 und im § 31 Abs. 2 vorgesehenen Löschungen betreffen nur Hypotheken, Grundschulden oder

Werthpapiere, die aus den zur P.D. bestimmten Gegenständen gänzlich ausscheiden sollen (Begr. 42).

2. Die Vorschrift soll für den Fall, daß das Register ganz oder theilweise verloren geht oder vernichtet wird, den P.G. den Nachweis der Eintragungen sichern.

§. 23.

Innerhalb des zweiten Monats eines jeden Kalenderhalbjahrs hat die Bank den Gesammtbetrag der Hypothekenpfandbriefe, welche am letzten Tage des vergangenen Halbjahrs im Umlaufe waren,[1]) und den nach Abzug aller Rückzahlungen[2]) oder sonstigen Minderungen[3]) sich ergebenden Gesammtbetrag der am letzten Tage des vergangenen Halbjahrs in das Hypothekenregister eingetragenen Hypotheken sowie den Gesammtbetrag der an diesem Tage in das Register eingetragenen Werthpapiere und des in der Verwahrung des Treuhänders befindlichen Geldes[4]) im Deutschen Reichsanzeiger und in den für die Veröffentlichungen der Bank bestimmten Blättern[5]) bekannt zu machen.[6])

Sind in dem Register Werthpapiere oder solche Hypotheken eingetragen, die nicht ihrem vollen Betrage nach zur Deckung von Hypothekenpfandbriefen geeignet sind, so ist in der Bekanntmachung anzugeben, mit welchem Betrage die Werthpapiere oder die Hypotheken als Deckung nicht in Ansatz kommen.[7])

1. Vgl. Anm. 1 zu § 6.

2. Auch bei Amortisationsdarlehen ist das Restkapital zum Zwecke dieser Veröffentlichung auf den letzten Tag des vergangenen Halbjahrs zu berechnen. Die Vorschrift des § 20 Abs. 2 betrifft nur die Verrechnung zwischen H.B. und Schuldner.

3. Vgl. z. B. die in § 17 Abs. 1 und 2 bezeichneten Fälle.

4. Vgl. § 6 Abs. 4.

5. § 182 Abs. 3 H.G.B.

6. Wissentlich unwahre Darstellung oder Verschleierung des Standes der Verhältnisse fällt unter die Strafvorschrift des § 314 Abs. 1 Nr. 1 H.G.B.

7. Dies ist bei Werthpapieren stets der Fall, § 6 Abs. 4. In Ansehung von Hypotheken und Grundschulden ist in erster Linie an die im § 6 Abs. 3 und im § 40 Abs. 2 vorgesehenen Fälle gedacht. Da eine Hypothek nicht theilweise in das Hypothekenregister aufgenommen werden darf, so können auch andere Fälle in Betracht kommen, in welchen nicht der volle Betrag in Ansatz gebracht werden darf: Ein Grundstück ist ausnahmsweise über die im § 11 Abs. 2 vorgeschriebene Werthsgrenze hinaus beliehen. Eine gewöhnliche Hypothek oder eine solche Amortisationshypothek auf landwirthschaftlichem Grundstücke, bei welcher der Tilgungsbeitrag weniger als ein Viertheil vom Hundert des Hypothekenkapitals beträgt, übersteigt (allein oder mit anderen solchen Hypotheken) die Hälfte der aus landwirthschaftlichen Hypotheken bestehenden P.D., § 6 Abs. 2. Eine Hypothek auf einem Bauplatz oder einem noch nicht ertragsfähigen Neubau übersteigt den zehnten Theil des Gesammtbetrags der zur P.D. verwendeten Hypotheken oder den halben Betrag des eingezahlten Grundkapitals, § 12 Abs. 3. In allen diesen Fällen dürfen die Hypotheken oder Grundschulden nur mit dem innerhalb der bezeichneten Grenzen liegenden Betrag als Deckung in Ansatz gebracht werden (Begr. 23), vgl. Anm. 1 zu § 22.

Buchführung, Bilanzen, Geschäftsberichte und sonstige Nachweisungen der Hypothekenbanken.[1])

1. Die Vorschriften der §§ 24 bis 28 sind nur eine Ergänzung der für die A.G. und K.G. a. A. geltenden Vorschriften des H.G.B. §§ 260 bis 265, § 320 Abs. 3. Sie finden bei den bestehenden H.B. erst auf die Bilanz, die Gewinn- und die Verlustrechnung und den Geschäftsbericht für das mit oder in dem Jahre 1900 beginnende Geschäftsjahr Anwendung, § 50 Abs. 1.

§. 24.

Die Jahresbilanz einer Hypothekenbank hat in getrennten Posten namentlich zu enthalten:

1. den Gesammtbetrag der zur Deckung der Hypothekenpfandbriefe bestimmten Hypotheken und Werthpapiere;[1])
2. den Gesammtbetrag der rückständigen Hypothekenzinsen;[2])
3. den Gesammtwerth der Grundstücke der Bank unter gesonderter Angabe des Werthes der Bankgebäude;[3])
4. die Gesammtbeträge der Bestände an Geld, an Wechseln und an Werthpapieren, unter gesonderter Angabe des Betrags der eigenen Hypothekenpfandbriefe und Schuldverschreibungen der Bank;[4])
5. den Gesammtbetrag der Forderungen der Bank aus Lombardgeschäften;[5])
6. den Gesammtbetrag der Guthaben bei Bankhäusern;[6])

7. den Gesammtbetrag der im Umlaufe befindlichen Hypothekenpfandbriefe[7]) nach ihrem Nennwerthe, bei verschieden verzinslichen Hypothekenpfandbriefen den Gesammtbetrag jeder dieser Gattungen;

8. den Gesammtbetrag der Verbindlichkeiten der Bank aus der Annahme von Geld zum Zwecke der Hinterlegung.[8])

1. Vgl. § 28 Nr. 1 und 2.

Zur P.D. bestimmt sind nur die in das Hypothekenregister (§ 22 Abs. 1) eingetragenen Hypotheken und Grundschulden. Der Gesammtbetrag ist unter Abzug aller Rückzahlungen und sonstigen Minderungen (§ 23 Abs. 1) nach dem Zeitpunkte zu berechnen, für welchen die Bilanz aufgestellt wird. Bei den Werthpapieren (§ 6 Abs. 4) ist der Börsenpreis bezw. Anschaffungspreis maßgebend, vgl. § 40, § 261 Nr. 1 H.G.B. Da die Bilanz nicht bestimmt ist, das Gleichgewicht zwischen P.D. und den im Umlaufe befindlichen P.B. darzuthun, so sind in den Gesammtbetrag auch diejenigen Beträge einzurechnen, mit welchen die Werthpapiere und Hypotheken als Deckung nicht in Ansatz kommen, vgl. § 23 Abs. 2.

Das zur P.D. dienende Geld (§ 6 Abs. 4) ist nicht hier, sondern in dem Gesammtbetrage der Bestände an Geld (Nr. 4) aufzuführen.

2. Nicht der sonstigen Leistungen der Schuldner, vgl. § 27.

Offenbar hat das Gesetz hier nur die Hypotheken und Grundschulden im Auge, welche zu den Beständen des eigentlichen Pfandbriefgeschäfts gehören, vgl. § 25 und Anm. 5 dazu, § 27, § 28 Abs. 1 Nr. 3 bis 6. Gemischte H.B., welche den im § 5 Abs. 1 Nr. 1 bezeichneten Nebengeschäftszweig betreiben, haben daher die zu diesem Geschäftszweige gehörigen Hypotheken und Grundschulden hier nicht zu berücksichtigen.

3. § 5 Abs. 3, vgl. § 261 Nr. 3 H.G.B.

4. § 5 Abs. 2 Satz 1. Die in dem unter Nr. 1 bezeichneten Aktivposten berücksichtigten Werthpapiere sind hier nicht nochmals zu berücksichtigen.

5. § 5 Abs. 2 Satz 2.

6. § 5 Abs. 2 Satz 1.

7. Vgl. Anm. 1 zu § 6.

8. § 5 Abs. 1 Nr. 5.

§. 25.*)

Sind Hypothekenpfandbriefe zu einem geringeren Betrag als dem Nennwerth ausgegeben worden, so darf in die Aktiven der Bilanz ein Betrag aufgenommen werden, der vier Fünftheilen des Mindererlöses gleichkommt;[1] von dem Mindererlös ist der Gewinn abzuziehen, den die Bank durch den Rückkauf von Hypothekenpfandbriefen zu einem geringeren Betrag als dem Nennwerth erzielt hat.[2] Der demgemäß in die Bilanz eingestellte Aktivposten muß jährlich zu mindestens einem Viertheil abgeschrieben werden.[3]

In keinem Jahre dürfen die nach den Vorschriften des Abs. 1 in die Bilanz aufgenommenen Aktivposten[4] zusammen mehr betragen als das Doppelte des Ueberschusses, den die Hypothekenzinsen für das Bilanzjahr[5] ergeben, wenn von ihnen die Pfand-

*) Wegen der Verrechnung der den Vorschriften dieses Paragraphen zuwider in die Bilanzen früherer Jahre aufgenommenen Aktivposten vgl. § 50 Abs. 2.

briefzinsen und außerdem ein Viertheil vom Hundert der Gesammtsumme der Hypotheken[6]) abgezogen werden; auch dürfen die bezeichneten Aktivposten zusammen nicht den Betrag des ausschließlich zur Deckung einer Unterbilanz bestimmten Reservefonds[7]) übersteigen.

Die durch die Ausgabe der Hypothekenpfandbriefe entstandenen Kosten,[8]) mit Einschluß der für die Unterbringung gezahlten Provisionen, sind ihrem vollen Betrage nach zu Lasten des Jahres zu verrechnen, in welchem sie entstanden sind.

Ansprüche der Bank auf Jahresleistungen der Hypothekenschuldner[9]) für die auf das Bilanzjahr folgende Zeit dürfen nicht in die Aktiven der Bilanz aufgenommen werden.

1. Die Vorschrift will es, abweichend von N.B. § 8 Nr. 3, den H.B. ermöglichen, ein bei der Ausgabe von P.B. entstandenes Disagio, anstatt es ganz zu Lasten des Jahres zu verrechnen, in welchem die Ausgabe der P.B. erfolgt ist, auf mehrere Jahre zu vertheilen. Dies geschieht bilanzmäßig in der Weise, daß den mit dem Nennwerth in die Passiven aufgenommenen P.B. ein dem Disagio entsprechender Aktivposten gegenübergestellt wird, der in der Folgezeit durch regelmäßige Abschreibungen allmählich zu tilgen ist. Die Tilgung soll mindestens innerhalb von 5 Jahren, mit Einschluß des Ausgabejahrs erfolgen. Darum darf der Aktivposten in der Bilanz des Ausgabejahrs zu höchstens vier Fünfteln des Disagios eingestellt werden (Begr. 43).

2. Unter Rückkauf von P.B. ist nicht der im § 5 Abs. 2 vorgesehene Ankauf von eigenen P.B. behufs der Anlage verfügbaren Geldes zu verstehen, sondern nur

ein Rückkauf, der im eigentlichen Pfandbriefgeschäfte zur Verminderung des Pfandbriefumlaufs erfolgt (vgl. § 6 Abs. 4), wenn also die zurückgekauften P.B. vom Pfandbriefkonto abzuschreiben sind. Es macht keinen Unterschied, ob die zurückgekauften P.B. mit Disagio ausgegeben waren oder nicht. Vgl. auch § 26 Satz 3.

3. Das Viertheil ist von dem Betrage zu berechnen, mit welchem der Aktivposten ursprünglich in die Bilanz eingestellt war, nicht von seinem zeitigen Betrage, vgl. Anm. 1.

4. Sowohl das während des Bilanzjahrs entstandene Disagio, soweit es als Aktivposten in die Bilanz eingestellt wird, als auch der noch nicht abgeschriebene Theil des Disagios der Vorjahre (Begr. 45).

5. Nicht die im Bilanzjahre vereinnahmten Zinsen, sondern die in diesem Jahre fälligen Zinsen (K.B. 25).

Nicht nur die Zinsen der zur P.D. bestimmten (§ 22 Abs. 1), aber jedenfalls nur die Zinsen der zu den Beständen des eigentlichen Pfandbriefgeschäfts gehörigen Hypotheken und Grundschulden. Wenn auch die in einem Nebengeschäftszweig erworbenen Hypotheken (§ 5 Abs. 1 Nr. 1) berücksichtigt werden dürften, so würde einerseits, da diese Bestände naturgemäß einem starken Wechsel unterworfen sind, der Ueberschuß der Hypothekenzinsen über die Pfandbriefzinsen einen sehr ungeeigneten Maßstab abgeben, andererseits aber würden die gemischten H.B. einen ganz ungerechtfertigten Vortheil vor den reinen H.B. genießen.

6. Nur der zu den Beständen des eigentlichen Pfandbriefgeschäfts gehörigen Hypotheken und Grundschulden, vgl. Anm. 5.

Dieser Betrag wird für die Verwaltungskosten der H.B. in Ansatz gebracht (Begr. 45).

7. § 262 H.G.B., vgl. § 7.

8. Insbesondere die Kosten für Anfertigung der P.B., Stempel u. s. w. (Begr. 45).

9. Dazu gehört auch der im § 20 Abs. 1 Satz 2 bezeichnete Betrag (Begr. 45).

§. 26.

Sind Hypothekenpfandbriefe zu einem höheren Betrag als dem Nennwerth ausgegeben worden und hat die Bank auf das Recht verzichtet, die Hypothekenpfandbriefe jederzeit zurückzuzahlen, so ist der Mehrerlös, soweit er den Betrag von eins vom Hundert des Nennwerths übersteigt, in die Passiven der Bilanz einzustellen.[1]) Die Bank darf über ihn während der Jahre, für welche die Rückzahlung der Hypothekenpfandbriefe ausgeschlossen ist, alljährlich nur zu einem der Zahl dieser Jahre entsprechenden Bruchtheile verfügen.[2]) Die Verfügung ist ausgeschlossen, solange ein Mindererlös der im §. 25 Abs. 1 bezeichneten Art als Aktivposten in der Bilanz steht; zur Tilgung eines solchen Mindererlöses sowie zur Deckung des Verlustes, der für die Bank durch den Rückkauf[3]) von Hypothekenpfandbriefen zu einem den Nennwerth übersteigenden Betrag entstanden ist, darf der Mehrerlös jederzeit verwendet werden.

1. Das Gesetz unterscheidet, ob die H.B. das Recht besitzt, die P.B. jederzeit zu kündigen und zurückzuzahlen oder ob sie sich dieses Rechtes gemäß § 8 Abs. 2 für bestimmte Zeit begeben hat. In dem ersteren Falle ist der H.B. durch das Gesetz keine Beschränkung hinsichtlich der Verwendung des bei der Ausgabe erzielten Agios auf-

erlegt, und zwar, wie in Begr. 45 bemerkt ist, weil die Bank sich jederzeit von der Verpflichtung zur Bezahlung der verhältnißmäßig hohen Pfandbriefzinsen durch Einziehung der P.B. befreien kann. Sobald eine solche Einziehung in Folge Verzichts der Bank ausgeschlossen ist, darf das Agio, das nur mit Rücksicht auf die Höhe der versprochenen Pfandbriefzinsen erzielt ist, nicht ohne Weiteres als Gewinn behandelt und zur Vertheilung von Dividenden benutzt werden. Vielmehr soll das Agio mindestens während der Zeit, für welche auf die Einziehung der P.B. verzichtet ist, zur Aufbringung der Pfandbriefzinsen verwendet werden. Dies geschieht bilanzmäßig durch Einstellung eines entsprechenden Postens in die Passiven, der allmählich abzuschreiben ist. Die freie Verwendung des Agios ist der H.B. nur in Höhe von 1 pCt. des Pfandbriefkapitals behufs der Deckung der durch die Pfandbriefausgabe entstandenen Kosten gestattet.

2. Der Bruchtheil ist stets von dem Betrage zu berechnen, der sich ergab, wenn von der Gesammtsumme des erzielten Agios der im Satz 1 bezeichnete Betrag in Abzug gebracht wurde, nicht von der zeitigen Höhe des Passivpostens.

Sind bereits in dem Ausgabejahre Pfandbriefzinsen fällig, so steht nichts im Wege, bereits in der Bilanz dieses Jahres über einen entsprechenden Theil des Passivpostens zu verfügen.

3. Vgl. Anm. 2 zu § 25.

§. 27.

In der Gewinn- und Verlustrechnung sind in getrennten Posten namentlich die Gesammtbeträge der in dem Geschäftsjahre von der Bank verdienten [1]) Hypothekenzinsen, Darlehensprovisionen und sonstigen Nebenleistungen der Hypothekenschuldner[2]) sowie der Gesammtbetrag der für das Geschäftsjahr von der Bank zu entrichtenden Pfandbriefzinsen anzugeben.

1. Also der fällig gewordenen, nicht der vereinnahmten, sofern diese in einem früheren Geschäftsjahre fällig geworden waren.

2. Vgl. Anm. 2 zu § 24.

§. 28.

In dem Geschäftsbericht oder in der Bilanz sind ersichtlich zu machen:

1. die Zahl der zur Deckung der Hypothekenpfandbriefe bestimmten Hypotheken[1]) und deren Vertheilung nach ihrer Höhe in Stufen von hunderttausend Mark;
2. die Beträge, welche davon auf Hypotheken an landwirthschaftlichen[2]) und auf solche an anderen Grundstücken, auf Amortisationshypotheken und auf andere Hypotheken, auf Hypotheken an Bauplätzen und an unfertigen, noch nicht ertragsfähigen Neubauten fallen;[3])
3. die Zahl der Zwangsversteigerungen und die Zahl der Zwangsverwaltungen, welche in dem Geschäftsjahr auf Antrag der Bank bewirkt worden sind, sowie die Zahl der in dem Geschäftsjahre bewirkten Zwangsversteigerungen und Zwangsverwaltungen, an welchen die Bank sonst betheiligt war;[4])
4. die Zahl der Fälle, in welchen die Bank während des Geschäftsjahrs Grundstücke zur

Verhütung von Verlusten an Hypotheken[4]) hat übernehmen müssen,[5]) sowie den Gesammtbetrag dieser Hypotheken und die Verluste oder Gewinne, welche sich bei dem Wiederverkauf übernommener Grundstücke ergeben haben;

5. die Jahre, aus welchen die Rückstände auf die von den Hypothekenschuldnern[4]) zu entrichtenden Zinsen herrühren, sowie der Gesammtbetrag der Rückstände eines jeden Jahres;
6. der Gesammtbetrag der im Geschäftsjahr erfolgten Rückzahlungen auf die Hypotheken,[4] getrennt nach den durch Amortisation und den in anderer Weise erfolgten Rückzahlungen;
7. die Beschränkungen, welchen sich die Bank hinsichtlich der Rückzahlung der Hypothekenpfandbriefe unterworfen hat, getrennt nach den einzelnen Gattungen der Hypothekenpfandbriefe.

Die unter Nr. 3 bis 5 bezeichneten Angaben sind getrennt nach landwirthschaftlichen[2]) und anderen Grundstücken und nach den Hauptgebieten[6]) zu machen, auf welche sich die Geschäftsthätigkeit der Hypothekenbank erstreckt.

In dem Geschäftsbericht oder in der Gewinn- und Verlustrechnung sind der Mehrerlös und der Mindererlös anzugeben, welche in dem Geschäftsjahre durch die Ausgabe von Hypothekenpfandbriefen zu einem höheren oder geringeren Betrag als dem Nennwerth entstanden sind.[7])

1. Die in das Hypothekenregister eingetragenen Hypotheken und Grundschulden, § 22 Abs. 1, vgl. § 24 Nr. 1.

2. Vgl. Anm. 6 zu § 6.

3. Vgl. § 6 Abs. 2, § 21 Abs. 1 Satz 2, § 12 Abs. 3.

4. Vgl. Anm. 2 zu § 24.

5. Auch außerhalb einer Zwangsversteigerung, § 5 Abs. 4. Vgl. § 6 Abs. 3, § 40 Abs. 2.

6. Ueber die geographische Begrenzung der Hauptgebiete wird nöthigenfalls die Aufsichtsbehörde nähere Bestimmung zu treffen haben (K.B. 25).

7. Vgl. §§ 25, 26.

Die rechtliche Sicherung der Pfandbriefgläubiger.[1])

1. Mit Rücksicht auf praktische Schwierigkeiten hat das Gesetz davon abgesehen, die P.G. durch Einräumung seines Pfandrechts an den zur P.D. bestimmten Werthen zu sichern, und sich darauf beschränkt, den P.G. ein Vorzugrecht im Konkurse der H.B. einzuräumen, § 35. Die §§ 29 bis 31 bezwecken, das Vorhandensein einer vorschriftsmäßigen Deckung vor der Ausgabe von P.B. sicher zu stellen und die P.G. gegen eine Beeinträchtigung ihres lediglich obligatorischen Anspruchs auf das ständige Vorhandensein einer solchen Deckung außerhalb des Konkurses durch Verfügungen seitens der Bank oder dritter Personen, namentlich durch Pfändungen sicher zu stellen. Zu diesem Zwecke ist die Bestellung eines Treuhänders (§ 29) bei jeder H.B. vorgesehen, der einerseits vor der Ausgabe von P.B. das Vorhandensein der vorschriftsmäßigen Deckung zu kontroliren (§ 30), andererseits für die Erhaltung der Deckung Sorge zu tragen hat (§ 31). Die §§ 36 bis 38 stellen Handlungen, welche die Sicherheit der P.G. zu gefährden geeignet sind, unter Strafe.

Neben diesen besonderen Vorschriften greift auch hier die Bestimmung des § 4 Abs. 1 Platz, nach welcher die Aufsichtsbehörde während der Dauer des Aufsichtsrechts (vgl. Anm. 4 zu § 3) befugt ist, nach jeder Richtung hin das Gleichgewicht zwischen P.B. und P.D. zu kontroliren und überall einzuschreiten, wo sie die Interessen der P.G. gefährdet glaubt.

§. 29.

Bei jeder Hypothekenbank ist ein Treuhänder sowie ein Stellvertreter zu bestellen.[1])

Die Bestellung erfolgt durch die Aufsichtsbehörde nach Anhörung der Hypothekenbank. Die Bestellung kann jederzeit durch die Aufsichtsbehörde widerrufen werden.[2])

1. Der von der Aufsichtsbehörde zu ernennende Treuhänder ist von der Reichstagskommission aus praktischen Gründen an die Stelle des von dem Entwurfe § 28 vorgesehenen von den P.G. zu wählenden Vertreters gesetzt worden. Was die rechtliche Stellung des Treuhänders anbetrifft, so kann er nicht als Beauftragter der P.G. im Sinne der §§ 662 bis 674 B.G.B. angesehen werden, weil den P.G. kein Einfluß auf seine Berufung oder Abberufung zusteht, ferner weil er keine Rechte auszuüben hat, deren Geltendmachung an sich den P.G. zustehen würde, zumal ein Haupttheil seiner Thätigkeit vor die Ausgabe der P.B. fällt, die Auffassung also ausgeschlossen ist, daß die Aufsichtsbehörde nur an Stelle der P.G. handelt. Vielmehr kann er nur als Beauftragter der Aufsichtsbehörde behufs Vornahme gewisser im Interesse der Sicherung der P.G. erforderlicher Handlungen aufgefaßt werden. In einem vertragsmäßigen Verhältnisse nach Maßgabe der §§ 662 bis 674 B.G.B. steht er nur zu der Aufsichtsbehörde, nicht aber zu den

P.G. oder zu der H.B. Er hat demnach den Weisungen der ersteren Folge zu leisten, § 665 B.G.B. Er darf die Ausführung des Auftrags nur seinem von der Aufsichtsbehörde ernannten Stellvertreter und auch diesau nur nach Maßgabe der hierüber von der Aufsichtsbehörde ertheilten Weisungen übertragen, vgl. § 664 B.G.B. Er hat nur der Aufsichtsbehörde nicht aber den P.G. Rechenschaft abzulegen, § 666 B.G.B. Im Einzelnen sind die Befugnisse und Pflichten des Treuhänders in den §§ 30 bis 34 abschließend festgelegt. Eine weitergehende Wahrung der Interessen der P.G. steht ihm nicht zu. Seine Thätigkeit endet mit der Eröffnung des Konkurses, vgl. § 35.

Die für den Treuhänder gegebenen Vorschriften gelten auch für den Stellvertreter.

Wegen der Uebertragung der Befugnisse des Treuhänders auf den Staatskommissar vgl. § 51. Der Staatskommissar, der als Treuhänder fungirt, ist selbstverständlich an die den Befugnissen des Treuhänders gezogenen Grenzen nicht gebunden.

Den P.B. bleibt es unbenommen, nach Maßgabe des Gesetzes, betreffend die gemeinsamen Rechte der Besitzer von Schuldverschreibungen, einen Vertreter behufs der Kontrole der H.B. zu bestellen. Eine Ueberwachung des Treuhänders steht diesem Vertreter nicht zu.

2. Die Bestellung des Treuhänders und seines Stellvertreters hat bei den bestehenden H.B. sofort mit dem Inkrafttreten des Gesetzes, § 53 Abs. 1 Satz 3, bei den neuen H.B. alsbald mit dem Beginne des Geschäftsbetriebs zu erfolgen, da die Ausgabe von P.B. ohne Mitwirkung des Treuhänders nicht erfolgen darf, § 30 Abs. 3, § 38.

In der Auswahl der zum Treuhänder zu bestellenden Person ist die Aufsichtsbehörde nur nach der Richtung hin beschränkt, daß, abgesehen von dem im § 51 bezeichneten Falle, nicht ein nach Maßgabe des § 4 Abs. 3 bestellter Staatskommissar berufen werden darf (K.B. 31). Es darf nur ein Treuhänder und ein Stellvertreter bestellt werden, selbst in dem Falle, daß die Ausgabe von Schuldverschreibungen auf Grund von Darlehen an inländische Körperschaften des öffentlichen Rechtes u. s. w., oder an Kleinbahnunternehmungen erfolgt ist und sich dadurch die Thätigkeit des Treuhänders erweitert, §§ 41, 42 (Begr. 58).

§. 30.

Der Treuhänder hat darauf zu achten, daß die vorschriftsmäßige Deckung für die Hypothekenpfandbriefe jederzeit vorhanden ist;[1] hierbei hat er, sofern der Werth der beliehenen Grundstücke gemäß der von der Aufsichtsbehörde genehmigten Anweisung festgesetzt ist, nicht zu untersuchen, ob der festgesetzte Werth dem wirklichen Werthe entspricht.[2])

Er hat darauf zu achten, daß die zur Deckung der Hypothekenpfandbriefe bestimmten Hypotheken und Werthpapiere gemäß den Vorschriften des §. 22 Abs. 1 in das Hypothekenregister eingetragen werden.

Er hat die Hypothekenpfandbriefe vor der Ausgabe mit einer Bescheinigung über das Vorhandensein der vorschriftsmäßigen Deckung und über die Eintragung in das Hypothekenregister zu versehen.[3])

Eine in das Hypothekenregister eingetragene Hypothek sowie ein in das Hypothekenregister eingetragenes Werthpapier kann nur mit Zustimmung des Treuhänders in dem Register gelöscht werden. Die Zustimmung des Treuhänders bedarf der schriftlichen Form; sie kann in der Weise erfolgen, daß der Treuhänder seine Namensunterschrift dem Löschungsvermerk im Hypothekenregister beifügt.[4])

1. Diese Pflicht beginnt nicht erst mit der Ausgabe neuer P.B. nach dem Inkrafttreten des Gesetzes, erstreckt sich vielmehr auch auf diejenige Deckung, welche mit Rücksicht auf die bereits im Umlaufe befindlichen P.B. nach Maßgabe des § 6 Abs. 1 vorhanden sein muß, und dauert so lange, als P.B. im Umlaufe befindlich sind. Was unter vorschriftsmäßiger Deckung zu verstehen, ist im Einzelnen in den §§ 6, 10—12, § 21 Abs. 1 Satz 2, § 40 Abs. 2, § 49 angegeben, vgl. auch Anm. 7 zu § 23 Abs. 2. Wird in den im § 6 Abs. 4 und im § 31 Abs. 2 Satz 2 bezeichneten Fällen die P.D. durch Geld ergänzt, so hat der Treuhänder auch darauf zu achten, daß gemäß § 6 Abs. 1 Deckung für die Pfandbriefzinsen vorhanden ist. Dabei wird er sich darauf beschränken können, nur eine dem Zeitraum entsprechende Deckung zu verlangen, während dessen die H.B. voraussichtlich nicht in der Lage sein wird, Deckung durch Hypotheken oder Grundschulden zu beschaffen, vorbehaltlich einer Nachforderung.

Die Kontrole über die Wahrung des Gleichgewichts zwischen P.D. und den im Umlaufe befindlichen P.B. sowie des auch im Uebrigen vorschriftsmäßigen Bestandes der Deckung wird durch die Vorschrift des § 32 ermöglicht. Erfolgt die von ihm geforderte Ergänzung der P.D. nicht, so hat er die Hülfe der Aufsichtsbehörde in Anspruch zu nehmen.

Die Prüfung der Frage, ob die im § 7 oder im § 46 Abs. 2, 3, § 48 bezeichneten Grenzen bei der Pfandbriefausgabe inne gehalten sind steht dem Treuhänder, sofern nicht der Staatskommissar als solcher fungirt (§ 51), nicht zu.

2. Sofern es sich um von der H.B. im Pfandbriefgeschäft ausgeliehene Hypotheken oder Grundschulden

handelt, hat der Treuhänder auf Grund der Akten über die Werthermittelung lediglich zu prüfen, ob die Anweisung (§ 13) befolgt ist und kein Verstoß gegen §§ 11, 12 vorliegt. Ist dies der Fall, so steht ihm die materielle Prüfung des Werthes nicht zu (K.B. 29).

Werden im Nebengeschäft erworbene Hypotheken oder Grundschulden (§ 5 Abs. 1 Nr. 1) zur P.D. verwendet, oder ist die Anweisung nicht befolgt und kann eine nachträglich der Anweisung entsprechende Werthermittelung des beliehenen Grundstücks unter den obwaltenden Umständen der H.B. nicht zugemuthet werden, so folgt aus dem Wortlaute der Vorschrift, daß ihm die materielle Prüfung des Werthes des Grundstücks insoweit obliegt, als er sich die Sicherheit verschaffen muß, daß der Betrag mit welchem die Hypothek oder Grundschuld als Deckung in Ansatz gebracht werden soll, sich innerhalb der im § 12 bezeichneten Grenze hält. Die nöthigen Unterlagen hat ihm die H.B. zu beschaffen.

3. Strafvorschrift § 38.

4. Die Löschung hat nur zu erfolgen, insoweit die eingetragenen Objekte gänzlich aus den zur P.D. bestimmten Werthen ausscheiden, vgl. Anm. 1 zu § 22. In diesen Fällen ist der Treuhänder auch verpflichtet, auf die Vornahme der Löschung hinzuwirken.

Ist die vorgeschriebene Form nicht innegehalten, so werden die gelöschten Hypotheken, Grundschulden oder Werthpapiere, soweit sie sich noch im Eigenthume der H.B. befinden, dem Vorzugsrechte der P.G. (§ 35) durch die Löschung nicht entzogen.

§. 31.

Der Treuhänder hat die Urkunden über die in das Hypothekenregister eingetragenen Hypotheken sowie die in das Register eingetragenen Werthpapiere und das gemäß §. 6 Abs. 4 zur Deckung der

Hypothekenpfandbriefe bestimmte Geld unter dem Mitverschlusse der Bank zu verwahren;[1]) er darf diese Gegenstände nur gemäß den Vorschriften dieses Gesetzes herausgeben.[2])

Er ist verpflichtet, Hypothekenurkunden sowie Werthpapiere und Geld auf Verlangen der Bank herauszugeben und zur Löschung im Hypothekenregister mitzuwirken, soweit die übrigen in das Register eingetragenen Hypotheken und Werthpapiere zur Deckung der Hypothekenpfandbriefe genügen oder die Bank eine andere vorschriftsmäßige Deckung beschafft. Ist die Bank dem Hypothekenschuldner gegenüber zur Aushändigung der Hypothekenurkunde oder zur Vornahme der im §. 1145 des Bürgerlichen Gesetzbuchs bezeichneten Handlungen verpflichtet, so hat der Treuhänder die Urkunde auch dann herauszugeben, wenn die bezeichneten Voraussetzungen nicht vorliegen; wird die Hypothek zurückgezahlt, so ist in dem letzteren Falle das gezahlte Geld dem Treuhänder zur Verwahrung gemäß Abs. 1 zu übergeben.[3])

Bedarf die Bank einer Hypothekenurkunde nur zu vorübergehendem Gebrauche, so hat der Treuhänder sie herauszugeben, ohne daß die Bank verpflichtet ist, eine andere Deckung zu beschaffen.[4])

1. Unter Hypothekenurkunden im Sinne dieser Vorschrift sind, soweit Briefhypotheken oder Grundschulden in Frage stehen, auf welche das B.G.B. Anwendung findet, die Hypotheken- oder Grundschuldbriefe zu ver-

stehen, §§ 1116, 1192 B.G.B., Artikel 192, 193, 195 E. z. B.G.B.; im Uebrigen sind diejenigen Urkunden unter den gemeinsamen Verschluß zu bringen, welche zur Vornahme von Verfügungen über die Hypotheken oder Grundschulden erforderlich sind, in Ermangelung solcher diejenigen, welche der H.B. zum Beweise ihrer Rechte dienen (Begr. 48).

Merzbacher Anm. 1a zu § 31 nimmt irrthümlich an, daß die Vorschrift die Begründung eines Pfandrechts zu Gunsten der P.G. bezweckt. Dem steht sowohl die ausdrückliche Erklärung der Begründung (S. 51) als auch der Umstand entgegen, daß dem Treuhänder eine Vertretungsmacht für die P.G. nicht zusteht sowie daß § 31 Abs. 2 Satz 2 mit den Vorschriften der §§ 1279 ff. B.G.B. im Widerspruche stehen würde. Der Mitverschluß des Treuhänders hat bei den Hypotheken oder Grundschulden bezw. den Werthpapieren vielmehr nur den Zweck, unrechtmäßige Verfügungen der Bank sowie Verfügungen Dritter, namentlich Pfändungen auszuschließen; bei dem zur P.D. verwendeten Gelde wird außerdem durch den Mitverschluß das Vorzugsrecht der P.G. begründet, § 35 Abs. 1. Herausgabe aus der Verwahrung von Hypothekenurkunden oder Werthpapieren, die im Eigenthume der H.B. verbleiben, läßt also das Vorzugsrecht der P.G. unberührt, bei Geld hat sie das Erlöschen des Vorzugsrechts zur Folge.

Da Pfändungen durch dritte Gläubiger der Bank verhindert werden sollen, so muß der Mitverschluß des Treuhänders so beschaffen sein, daß die verschlossenen Objekte nicht mehr im Gewahrsame der H.B. im Sinne des § 808 Abs. 1 der Civilprozeßordnung sind. Dazu genügt, daß sie nicht mehr im ausschließlichen Gewahrsame der H.B. sind. Dies ist aber nicht schon der Fall, wenn die Objekte sich in einem Behältnisse befinden, das in den Räumen der H.B. steht, wenngleich dieses Behältniß nur unter Mitwirkung des Treuhänders zu öffnen ist; dann befindet sich noch das Behältniß im ausschließlichen Gewahrsame der Bank (vgl. Entsch. d. Reichsgerichts in Straff. Bd. 5 Nr. 74) und kann daher im Auftrage dritter Gläubiger gepfändet werden. Dagegen muß es genügen, wenn ein besonderer Raum im Bankgebäude (Stahlkammer oder dergl.) mit zwei verschiedenen Schlössern versehen ist, zu deren einem der Treuhänder den einzigen Schlüssel verwahrt, derart, daß der Eintritt in diesen Raum nur unter Mitwirkung des Treuhänders möglich und der Treuhänder demnach in der Lage ist, gegen eine trotzdem erfolgte Pfändung des Inhalts gemäß § 766 der Civilprozeßordnung im Wege der Beschwerde einzuschreiten. Die Widerspruchsklagen aus § 805 oder aus § 771 der Civilprozeßordnung kommen nicht in Betracht. Vgl. auch § 1206 B.G.B. Eine Zwangsvollstreckung in die Werthpapiere oder das Geld ist alsdann ausgeschlossen. Bei Briefhypotheken oder Grundschulden, auf welche das B.G.B. Anwendung findet, kann die Pfändung nicht erfolgen, weil der Gläubiger kein Mittel hat, die Uebergabe des Briefes zu erzwingen, vgl. § 820 Abs. 1 der Civilprozeßordnung. Dabei ist jedoch vorausgesetzt, daß die übrigen in das Register eingetragenen Werthe oder das zur P.D. dienende Geld ohne das Objekt, gegen welches die Zwangsvollstreckung sich richtet, eine vorschriftsmäßige P.D. nicht mehr darstellen würden; andernfalls ist der Gläubiger in der Lage, sich die Forderung der H.B. auf Herausgabe aus § 31 Abs. 2 überweisen zu lassen.

Ohne Schutz bleiben die P.G. in Ansehung von Hypotheken und Grundschulden, bei welchen die Ertheilung eines Briefes ausgeschlossen ist, § 1116 Abs. 2 B.G.B. Hiernach muß es als die Pflicht der H.B. erachtet werden, die Ertheilung eines Briefes nie auszuschließen. Was die Hypotheken anbetrifft, welche zu der Zeit, zu welcher das Grundbuch als angelegt anzusehen ist (Artikel 186 E. z. B.G.B.), bereits eingetragen sind, und welche mangels einer abweichenden Bestimmung der Landesgesetze als Hypotheken gelten, für welche die Ertheilung eines Hypothekenbriefs ausgeschlossen ist (Artikel 192, 193 E. z. B.G.B.), so kann indessen den H.B. nicht zugemuthet werden, um den P.B. den durch § 31 Abs. 1 beabsichtigten Schutz zu verschaffen, die Ausstellung eines Hypothekenbriefs zu veranlassen. Die Schwierigkeiten, welche hiermit verbunden sein würden, waren zum Theile die Veranlassung, wegen deren von der Einräumung eines Pfandrechts an der P.D. Abstand genommen wurde (Begr. 52). Preußen hat von der im Artikel 193 E. z. B.G.B. der Landesgesetzgebung eingeräumten Befugniß Gebrauch gemacht, vgl. Artikel 33 d. A.G. z. B.G.B. v. 20. Sept. 1899 (G.S. S. 177).

Wegen der Grundschulden vgl. Artikel 195 E. z. B.G.B.

2. Weitere Vorschriften als die im Abs. 2 enthaltenen finden sich im Gesetze nicht. Die Aufnahme der Vorschrift des Abs. 1 Halbsatz 2 ist für erforderlich erachtet worden, um Zweifeln, welche namentlich bei die Herausgabe der zur P.D. dienenden Objekte anordnenden gerichtlichen Verfügungen vorkommen könnten, vorzubeugen (K.B. 30). Ist eine Hypothek in Folge der Zwangsversteigerung ganz oder theilweise erloschen, so darf die Herausgabe des Briefes dem Gerichte nicht verweigert werden, § 127 Abs. 1 des Gesetzes über die Zwangsversteigerung und die Zwangsverwaltung.

Das Gesetz unterscheidet zwischen dauernder (§ 31 Abs. 2) und vorübergehender (§ 31 Abs. 3) Aufgabe des Mitverschlusses: Die Nichtbefolgung der diesbezüglichen Vorschriften ist im § 37 Abs. 2 unter Strafe gestellt. Selbstverständlich ist auch die Aufsichtsbehörde in der Lage, mit Hülfe der ihr nach den maßgebenden Landesgesetzen zustehenden Zwangsmittel auf die Befolgung hinzuwirken. In Betreff der Herausgabe im Falle des Konkurses der H.B. enthält das Gesetz keine Vorschrift, vgl. hierüber Anm. * zu § 35.

3. Dauernde Aufgabe des Mitverschlusses:

a. Abs. 2 Satz 1 betrifft den Fall, daß eine Ueberdeckung vorhanden ist oder daß andere vorschriftsmäßige Deckung beschafft wird.

Ueber die Ueberdeckung darf die H.B. nur insoweit verfügen, als eine vorschriftsmäßige Deckung verbleibt, d. h. es muß nicht nur der Vorschrift des § 6 Abs. 1 und 3 und § 40 Abs. 2 genügt sein, sondern die Deckung muß auch den übrigen gesetzlichen Anforderungen entsprechen, vgl. § 6 Abs. 2, § 21 Abs. 1 Satz 2, §§ 10—12, 49. Eine Ueberdeckung im Sinne dieser Vorschrift ist solange nicht vorhanden, als der vorgeschriebene Mindestbetrag der Deckung nur dadurch erreicht wird, daß in der Verwahrung des Treuhänders befindliches Geld mit eingerechnet wird. Denn das Gesetz spricht ausdrücklich nur von dem Falle, daß die in das Register eingetragenen Hypotheken und Werthpapiere zur Deckung ausreichen.

Wenn eine Ueberdeckung nicht vorhanden, aber andere Deckung angeboten wird, so darf der Treuhänder nur den §§ 11, 12 entsprechende Hypotheken oder Grundschulden annehmen, durch deren Einreihung auch im Uebrigen der vorschriftsmäßige Bestand der Deckung nicht berührt wird, vgl. aber § 49. Die Annahme von Geld oder Werthpapieren ist hier ausgeschlossen, vgl. § 6 Abs. 4.

b. Abs. 2 Satz 2 betrifft den Fall, daß eine Hypothek oder Grundschuld von dem Schuldner zurückgezahlt wird und der Schuldner demnach berechtigt ist, gemäß §§ 1144, 1167 B.G.B. die Aushändigung des Briefes zu verlangen oder im Falle theilweiser Zahlung die Bank nach §§ 1145, 1167 B.G.B. verpflichtet ist, die theilweise Befriedigung auf dem Briefe zu vermerken und den Brief zum Zwecke der Berichtigung des Grundbuchs oder der Löschung dem Grundbuchamt oder zum Zwecke der Herstellung eines Theilhypothekenbriefs der zuständigen Behörde oder einem zuständigen Notar vor=

zulegen. Da den Schuldner der lediglich obligatorische Anspruch der P.G. auf Erhaltung der vorschriftsmäßigen Deckung nicht berührt, so kann die Annahme der Zahlung und folgeweise auch die Vornahme der bezeichneten Handlungen nicht von dem Vorhandensein einer ausreichenden Deckung abhängig gemacht werden. Ist die Deckung nicht ausreichend und zahlt der Schuldner Zug um Zug gegen Aushändigung des Briefes oder Vornahme der im § 1145 B.G.B. bezeichneten Handlungen, so ist der Treuhänder in der Lage, zu veranlassen, daß die Zahlung unmittelbar an ihn erfolgt. Anderenfalls muß das Geld von der Bank unter seinen Mitverschluß gebracht werden (Begr. 49). Es muß dann dem Ermessen des Treuhänders überlassen bleiben, inwieweit er es für erforderlich hält, behufs Deckung der Pfandbriefzinsen eine Ergänzung der Deckung zu veranlassen, vgl. Anm. 1 zu § 30. Die Vorschriften des Abs. 2 Satz 2 finden selbstverständlich auch dann Anwendung, wenn die Befriedigung aus dem Grundstück im Wege der Zwangsversteigerung erfolgt, oder die Forderung sonst im Wege der Zwangsvollstreckung beigetrieben wird.

Wegen der im Falle des Abs. 2 Satz 1 bei Hypotheken, Grundschulden und Werthpapieren, und im Falle des Satz 2 bei der gänzlichen Rückzahlung einer Hypothek oder Grundschuld erforderlichen Löschung im Register vgl. § 30 Abs. 4.

4. Vorübergehende Aufgabe des Mitverschlusses. Gedacht ist daran, daß die H.B. der Urkunden zum Zwecke der Prozeßführung, Betheiligung an einer Zwangsversteigerung oder Zwangsverwaltung oder in den in §§ 62 ff. G.O. bezeichneten Fällen bedarf. Der Beschaffung einer Ersatzdeckung bedarf es nicht, weil die bloße Herausgabe das Vorzugsrecht noch nicht berührt. Dem Treuhänder bleibt es überlassen, dafür zu sorgen, daß die Urkunden alsbald nach gemachtem Gebrauche wieder in seinen Mitverschluß zurückgelangen (Begr. 56). Erfolgt, während

die Urkunden außerhalb des Mitverschlusses sind, die Rückzahlung, so greifen die Vorschriften des § 31 Abs. 2 Satz 2 Platz.

§. 32.

Der Treuhänder ist befugt, jederzeit die Bücher und Schriften der Bank einzusehen, soweit sie sich auf die Hypothekenpfandbriefe und auf die in das Hypothekenregister eingetragenen Hypotheken beziehen.

Die Hypothekenbank ist verpflichtet, von den Kapitalrückzahlungen auf die in das Hypothekenregister eingetragenen Hypotheken sowie von sonstigen für die Pfandbriefgläubiger erheblichen Aenderungen,[1]) welche diese Hypotheken betreffen, dem Treuhänder fortlaufende Mittheilung zu machen.[2])

1. Zu diesen Aenderungen gehören vor Allem Verluste bei Zwangsversteigerungen, der Erwerb beliehener Grundstücke (§ 6 Abs. 3, § 40 Abs. 2), gemäß § 17 Abs. 1, 2 getroffenen Maßnahmen.

2. Wie diese Mittheilungen zu bewirken, inwieweit namentlich zu ihrer Erleichterung Nebenregister als Ergänzung des Hypothekenregisters anzulegen sind, ist der Verständigung des Treuhänders mit der H.B. überlassen (Begr. 31).

§. 33.

Streitigkeiten zwischen dem Treuhänder und der Hypothenbank entscheidet die Aufsichtsbehörde.[1])

1. Die Vorschrift entzieht die Streitigkeiten dem Rechtswege (Begr. 50).

Sie betrifft Streitigkeiten jeder Art, welche in Ansehung der Ausübung der dem Treuhänder durch §§ 30 bis 32 übertragenen Befugnisse entstehen. Was die Ausführung der getroffenen Entscheidungen anlangt, so kann sie gegenüber der H.B. von der Aufsichtsbehörde mit Hülfe der ihr nach der maßgebenden Landesgesetzgebung zustehenden Zwangsbefugnisse herbeigeführt werden. Gegenüber dem Treuhänder stehen der Aufsichtsbehörde unmittelbare Zwangsbefugnisse nicht zu. Doch ist sie in der Lage, ihn jederzeit abzuberufen, § 29 Abs. 2. Sind gemäß § 51 dem Staatskommissar die Befugnisse des Treuhänders übertragen, so können Streitigkeiten der in § 33 gedachten Art nicht in Frage kommen, da dieser seine Obliegenheiten in seiner Eigenschaft als Staatskommissar ausübt. § 33 ist daher im § 51 nicht als entsprechend anwendbar erklärt. Selbstverständlich kann aber gegen die Anordnungen des Kommissars Beschwerde bei der Aufsichtsbehörde erhoben werden, vgl. Anm. 4 zu § 4 (K.B. 31).

§. 34.

Der Treuhänder kann von der Hypothekenbank eine angemessene Vergütung für seine Geschäftsführung verlangen. Der Betrag der vereinbarten Vergütung ist der Aufsichtsbehörde anzuzeigen; in Ermangelung einer Einigung wird der Betrag durch die Aufsichtsbehörde festgesetzt.[1])

1. § 34 findet im Falle des § 51 nicht entsprechende Anwendung, vgl. aber § 4 Abs. 4 Satz 2.

§. 35.*)

Ist über das Vermögen der Hypothekenbank der Konkurs eröffnet, so gehen in Ansehung der Be-

*) Durch die Eröffnung des Konkurses wird die H.B. aufgelöst; damit endet das Aufsichtsrecht der Aufsichts-

friedigung aus den in das Hypothekenregister eingetragenen Hypotheken und Werthpapieren die Forderungen der Pfandbriefgläubiger den Forderungen aller anderen Konkursgläubiger vor. Das

---

behörde, vgl. Anm. 4 zu § 3, sowie die Thätigkeit des Treuhänders. Der Treuhänder hat seinen Mitverschluß an den zur P.O. bestimmten Objekten dem Konkursverwalter zu übergeben. Gemäß § 65 Abs. 1 K.O. gelten die Pfandbriefforderungen als fällig.

Nach dem Gesetze, betreffend die gemeinsamen Rechte der Besitzer von Schuldverschreibungen, §§ 18, 19, hat das Konkursgericht unverzüglich eine Versammlung der P.G. zu berufen, um über die Bestellung eines gemeinsamen Vertreters im Konkursverfahren zu beschließen. Sind verschiedene Klassen von P.B. ausgegeben, die den Gläubigern nicht gleiche Rechte gewähren, so ist für jede Klasse eine besondere Versammlung zu berufen, § 1 l. c. Die Berufung kann unterbleiben, wenn schon vorher über die Bestellung eines solchen Vertreters Beschluß gefaßt worden ist, vgl. Anm. 1 zu § 29 a. E. Sie muß insoweit unterbleiben, als die Nennwerthe der ausgegebenen P.B. einer Klasse zusammen nicht mindestens 300 000 Mark und die Zahl der ausgegebenen Stücke nicht mindestens 300 betragen hat, § 1 l. c., oder daß die Zahl der im Umlaufe befindlichen P.B. einer Klasse (vgl. Anm. 1 zu § 6) unter 100 oder ihr Nennwerth unter 100 000 gesunken ist, § 2 l. c. Gleichzeitig ist die Stelle zu bestimmen, bei welcher die Gläubiger die P.B. zu hinterlegen haben. Die Berufung hat in der durch § 6 l. c. bestimmten Form zu erfolgen. Der Konkursmasse gehörige P.B. (vgl. § 5 Abs. 2) berechtigen nicht zur Theilnahme an der Versammlung. Das Gericht leitet die Versammlung. Vgl. im Uebrigen §§ 8 ff. l. c. Erfolgt die Wahl eines Vertreters, der zur Anmeldung

Gleiche gilt von Geld, das dem Treuhänder zur Deckung der Hypothekenpfandbriefe in Verwahrung gegeben ist. Die Pfandbriefgläubiger haben unter einander gleichen Rang.[1])

---

der Pfandbriefforderungen zum Konkurse der H.B. ermächtigt ist, so kann die Anmeldung durch den Vertreter ohne Beifügung der P.B. erfolgen. Der Vertreter ist also in der Lage, die Forderungen aus sämmtlichen im Umlaufe befindlichen, nicht von der Konkursmasse besessenen P.B. anzumelden. Die Namen der P.G. brauchen nicht angegeben zu werden. Erfolgt die Anmeldung durch den einzelnen Gläubiger, so sind die P.B. oder eine Abschrift beizufügen, § 139 K.O.

Die Pfandbriefforderungen sind mit dem Vorrecht aus § 35 anzumelden (§ 139 K.O.) und mit diesem festzustellen (§ 141 K.O.), jedoch mit der Maßgabe, daß aus der Konkursmasse, soweit sie nicht zur bevorrechtigten Befriedigung der P.G. bestimmt ist, nur für den Betrag verhältnißmäßige Befriedigung verlangt werden kann, zu welchem der P.G. auf Befriedigung aus der P.D. verzichtet oder mit welchem er bei der letzteren ausgefallen ist, § 64 K.O. Es wird genügen, wenn die Forderungen als Pfandbriefforderungen angemeldet und festgestellt werden, da sich aus dieser Bezeichnung ohne Weiteres das beanspruchte Vorrecht sowie der Vorbehalt hinsichtlich der übrigen Masse ergiebt. Mit der Kapitalsforderung werden an derselben Stelle angesetzt die Kosten, welche den P.G. vor der Eröffnung des Verfahrens erwachsen sind und die bis zur Eröffnung aufgelaufenen Zinsen. Im Konkursverfahren können nicht geltend gemacht werden die seit der Eröffnung des Verfahrens laufenden Zinsen sowie die Kosten, welche den P.G. durch ihre Theilnahme an dem Verfahren erwachsen, insbesondere die durch die Bestellung eines gemeinsamen

In Betreff des Anspruchs der Pfandbriefgläubiger auf Befriedigung aus dem sonstigen Vermögen der Bank[2]) finden die für die Absonderungsberechtigten geltenden Vorschriften der §§. 64, 153, 155, 156 und

---

Vertreters erwachsenden Kosten, §§ 62, 63 K.O. Vgl. im Uebrigen unten Anm. 1 u. 3.

Die Doppelstellung, welche die P.G. als bevorrechtigte Gläubiger in Ansehung eines Theiles der Masse und als Ausfallsgläubiger in Ansehung des übrigen Theiles einnehmen, muß auch in der Ausübung des Stimmrechts zum Ausdrucke kommen. Soweit die fraglichen Maßregeln die gesammte Masse betreffen, berechtigen die festgestellten Pfandbriefforderungen zu ihrem vollen festgestellten Betrage die P.G. oder den gewählten Vertreter, soweit ihm die Vertretungsmacht übertragen ist, zur Abstimmung, § 95 K.O.; so bei der Wahl des Konkursverwalters, § 80, der Wahl des Gläubigerausschusses sowie dem Widerrufe der Wahl, §§ 87, 92 K.O. Handelt es sich dagegen um Maßregeln, welche nur die nicht dem Vorrecht unterliegende Masse betreffen, so beispielsweise die Beschlußfassung über die Stelle, bei welcher, sowie die Bedingungen, unter welchen nicht zur P.D. gehörige Gelder oder Werthpapiere hinterlegt werden sollen, so muß in entsprechender Anwendung des § 96 K.O. das Gericht entscheiden, bis zu welchem Betrage die Pfandbriefforderungen zum Stimmen berechtigen. Reicht die P.D. zur Befriedigung der P.G. aus, so kann ihnen selbstverständlich ein Stimmrecht überhaupt nicht eingeräumt werden. Dies kommt auch bei einem Zwangsvergleich in Betracht. Soweit die P.G. aus der P.D. befriedigt werden können, werden sie als bevorrechtigte Gläubiger durch den Zwangsvergleich nicht betroffen, § 173 K.O. Insoweit dies nicht der Fall ist, sind sie stimmberechtigt.

des §. 168 Nr. 3 der Konkursordnung (Reichs-Gesetzbl. 1898 S. 612) entsprechende Anwendung.[3])

Gehören zur Konkursmasse eigene Hypothekenpfandbriefe der Bank, die von dieser dem Bestand

Die Verwerthung der zur P.D. bestimmten Objekte liegt, ebenso wie die Verwerthung des sonstigen Vermögens der H.B., dem Verwalter ob, § 117 K.O. Die Kosten, die durch die Verwerthung der einzelnen Massegegenstände entstehen, fallen demjenigen Theile der Masse zur Last, zu welchem sie gehören. Gemäß § 35 Abs. 3 ist von dem Reinerlöse der Antheil auszusondern, welcher auf die der Konkursmasse gehörigen, noch im Umlaufe befindlichen P.B. entfällt und der übrigen Konkursmasse zuzuschlagen (vgl. Anm. 4). Beide Theile der Konkursmasse haben zur Berichtigung der Massekosten und Masseschulden nach Verhältniß ihres Werthes beizutragen. Von dem verbleibenden Erlöse der P.D. sind die Kosten einer Versammlung der P.G., die während des Konkurses nach den Vorschriften des Gesetzes, betreffend die gemeinsamen Rechte der Besitzer von Schuldverschreibungen, berufen worden ist, zu berichtigen, § 35 Abs. 4. Der Rest ist auf die festgestellten oder nach Maßgabe des § 152 K.O. sonst zu berücksichtigenden Pfandbriefforderungen gemäß §§ 149 ff. K.O. zu vertheilen. Hinsichtlich der Befriedigung der P.G. wegen des Ausfalls, den sie hierbei erleiden, aus dem anderen Theile der Masse, vgl. unten Anm. 3. Zur Erhebung der bei einer Vertheilung auf die P.B. entfallenden Beträge ist die Vorlegung der P.B. erforderlich. Ein Ueberschuß ist zu der übrigen Masse zu ziehen.

Die Begründung (55) weist noch darauf hin, daß das Gesetz, betreffend die gemeinsamen Rechte der Besitzer von Schuldverschreibungen den P.G. die Möglichkeit giebt, durch Mehrheitsbeschlüsse ein besonderes

an Werthpapieren zugeschrieben sind, so werden sie bei der Berechnung der auf die einzelnen Hypothekenpfandbriefe fallenden Antheile an dem Erlös aus den im Abs. 1 bezeichneten Gegenständen mitgezählt.[4])

Während des Konkurses der Hypothekenbank sind die Kosten einer Versammlung der Pfandbriefgläubiger, die nach den Vorschriften des Gesetzes, betreffend die gemeinsamen Rechte der Besitzer von Schuldverschreibungen, berufen wird, aus dem zur vorzugsweisen Befriedigung der letzteren dienenden Theile der Konkursmasse[5]) zu berichtigen.

1. Wegen der bestehenden H.B. vgl. § 53 Abs. 2. Das den P.G. durch § 35 eingeräumte Vorzugsrecht im Konkurse der H.B. unterscheidet sich von den im § 61 Nr. 1—5 K.O. aufgeführten Vorrechten dadurch, daß die P.G. nicht bezüglich ihrer Befriedigung aus der gesammten Masse, sondern nur bezüglich der Befriedigung aus gewissen Bestandtheilen der Masse, nämlich den zur P.D. bestimmten Werthen, bevorrechtigt sind. Insofern nähert sich dieses Vorrecht dem Absonderungsrechte, §§ 47 ff. K.O. Deshalb finden, was die Befriedigung der P.G. aus der übrigen Masse anlangt, die für das

---

Abkommen mit dem Gemeinschuldner zu treffen, und daß die Ordnung der Verhältnisse auch in der Weise erfolgen kann, daß die P.G. auf ihre Rechte gegen die H.B. verzichten und daß eine andere H.B. gegen Abtretung der Hypothekenforderungen die Pfandbriefschulden ganz oder zum Theil übernimmt. Zu einem solchen Verfahren ist gemäß § 133 Nr. 2 K.O. von dem Verwalter die Genehmigung des Gläubigerausschusses einzuholen.

Absonderungsrecht geltenden Vorschriften Anwendung, vgl. § 35 Abs. 2 und Anm. 3 dazu. Das Vorrecht unterscheidet sich aber von dem Absonderungsrechte dadurch,

1. daß die P.G. mit ihrer gesammten Forderung Konkursgläubiger sind, d. h. die Forderungen sind auch, insoweit Befriedigung aus den zur P.D. bestimmten Werthen verlangt wird, als Konkursforderungen anzumelden, vgl. dagegen bezüglich des Absonderungsrechts § 64 K.O.

2. Aus dem Erlöse der P.D. sind die P.G. außer für die Kapitalsforderung nur für die vor der Eröffnung des Verfahrens erwachsenen Kosten und die bis zur Eröffnung des Verfahrens aufgelaufenen Zinsen zu befriedigen, § 62 K.O. Die seit der Eröffnung des Verfahrens laufenden Zinsen sowie später entstandene Kosten, für welche ein Pfand nach dem bürgerlichen Rechte haften würde, werden nicht berücksichtigt; § 48 K.O. findet nicht entsprechende Anwendung. Anders Merzbacher Anm. 1 zu § 35.

3. Für die Verwerthung der zur P.D. bestimmten Objekte ist nicht § 127 K.O. maßgebend, vielmehr muß die Verwerthung stets durch den Konkursverwalter erfolgen.

4. Aus dem Erlöse der P.D. sind die Massekosten und Masseschulden ebenso wie aus der übrigen Masse vorweg zu befriedigen.

Außerhalb des Konkurses besteht nur ein obligatorischer Anspruch der P.G. gegenüber der H.B. auf Erhaltung einer vorschriftsmäßigen Deckung. Eine nicht nach den Vorschriften der §§ 29 ff. K.O. anfechtbare Verfügung der H.B. oder Pfändung dritter Gläubiger müssen die P.G. gegen sich gelten lassen. Dem Vorrecht unterliegen somit nur diejenigen zur Zeit der Konkurseröffnung im Register (§ 22) eingetragenen und nicht vorschriftsmäßig (§ 30 Abs. 4) gelöschten Hypotheken, Grundschulden sowie Werthpapiere, die sich im Eigenthume der P.G. befinden, insoweit nicht Rechte Dritter an ihnen begründet sind. Ob sich die bezeichneten Objekte im Augenblicke der Konkurseröffnung unter dem Mitverschlusse des Treuhänders oder auch nur im Besitze der H.B. befanden, ist belanglos. Zur P.D. bestimmtes Geld (§ 6 Abs. 4, § 31 Abs. 2 Satz 2) darf nur insoweit zur vorzugsweisen Befriedigung der P.G. verwendet werden, als es zur Zeit der Konkurseröffnung sich noch unter dem Mitverschlusse des Treuhänders befand. Wegen des mit Rücksicht auf die der H.B. gehörigen P.B. zu machenden Abzugs von dem zur vorzugsweisen Befriedigung der P.G. dienenden Betrage vgl. § 35 Abs. 3 und Anm. 4.

2. Zu dem sonstigen Vermögen gehört auch der Theil des Erlöses der P.D., welcher auf die der H.B. gehörigen P.B. entfällt, § 35 Abs. 3 und Anm. 4.

3. Hiernach gilt Folgendes: Die P.G. können nur für den Betrag ihrer Pfandbriefforderungen verhältnißmäßige Befriedigung aus dem sonstigen Vermögen der H.B. verlangen, zu welchem sie auf vorzugsweise Befriedigung verzichten oder mit welchem sie bei der letzteren ausgefallen sind, § 64 K.O. Da die Pfandbriefforderungen in ihrer vollen Höhe als Konkursforderungen festzustellen sind, der Verwalter die P.D. selbst zu verwerthen und unter die P.G. zu vertheilen hat, so bedarf es zur Berücksichtigung der Ausfallsforderungen bei einer Vertheilung des Nachweises des Ausfalls nicht (§ 153 Abs. 1 K.O.). Nur wenn bei einer Abschlagsvertheilung der Betrag des muthmaßlichen Ausfalls (§ 153 Abs. 2 K.O.) von dem Verwalter zu niedrig geschätzt wird, muß binnen einer Ausschlußfrist von zwei

Wochen nach der im § 151 K.O. vorgeschriebenen Bekanntmachung eine größere Höhe des muthmaßlichen Ausfalls glaubhaft gemacht werden. Der Nachweis, daß die Veräußerung der P.D. betrieben ist (§ 153 Abs. 2 K.O.), ist selbstverständlich nicht nöthig. Will ein P.G. auf vorzugsweise Befriedigung verzichten und verhältnißmäßige Befriedigung wegen seiner ganzen Forderung aus dem sonstigen Vermögen der H.B. verlangen, so hat er dem Verwalter den Verzicht binnen der Ausschlußfrist nachzuweisen. Ueber die entsprechende Anwendung der §§ 155, 156 K.O. ist nichts zu bemerken. Die Antheile, welche bei einer Abschlagsvertheilung aus dem sonstigen Vermögen der Bank auf den muthmaßlichen Ausfall der P.G. fallen, sind zurückzubehalten, § 168 Nr. 3 K.O.

4. Aus der Natur des den P.G. eingeräumten Vorzugsrechts als eines für gewisse Konkursgläubiger begründeten Vorrechts würde an sich folgen, daß für P.B., die im Besitze der H.B. selbst befindlich sind (vgl. § 5 Abs. 2), dieses Recht von der H.B. nicht geltend gemacht werden könnte. Der auf diese P.B. entfallende Erlös würde also nur den Besitzern der übrigen P.B. bis zur Deckung ihrer Forderungen zu Gute kommen. Hiernach wäre es den Banken unmöglich, ihre verfügbaren Gelder in eigenen P.B. anzulegen. Um dem abzuhelfen, sollen bei der Berechnung der auf Grund des Vorzugsrechts aus der P.D. zu befriedigenden Forderungen, die zur Konkursmasse gehörigen, noch im Umlaufe befindlichen (vgl. Anm. 1 zu § 6) P.B. mitberücksichtigt werden, woraus dann von selbst folgt, daß der auf sie entfallende Theil des Erlöses der P.D. zu der übrigen Konkursmasse gezogen werden muß.

5. Der Theil des Erlöses der P.D., der auf die im Abs. 3 bezeichneten P.B. entfällt (vgl. Anm. 4), haftet für diese Kosten nicht.

§. 36.*)

Treuhänder, die absichtlich zum Nachtheile der Pfandbriefgläubiger handeln, werden wegen Untreue nach §. 266 des Strafgesetzbuchs bestraft.[1])

1. Die angedrohte Strafe ist Gefängniß, neben welchem auf Verlust der bürgerlichen Ehrenrechte erkannt werden kann. Ist die That begangen, um sich oder einem Anderen einen Vermögensvortheil zu verschaffen, so kann neben der Gefängnißstrafe auf Geldstrafe bis zu 3000 Mark erkannt werden, § 266 Abs. 1, 2 St.G.B.

Die Vorschrift ist von der Reichstagskommission eingeschoben worden, weil der Treuhänder eine ähnliche Stellung einnimmt, wie die im § 266 St.G.B. bezeichneten Vormünder. Ursprünglich sollten auch Handlungen zum Nachtheile der Bank einbezogen werden; dies ist jedoch wegen der Möglichkeit von Interessenkollisionen zwischen dem Bankgläubiger und den P.G. abgelehnt worden (K.B. 35). In der That ist auch die Wahrung der Interessen der Bank dem Treuhänder nach keiner Richtung hin anvertraut.

Subjekt des Vergehens kann nur ein nach Maßgabe des § 29 von der Aufsichtsbehörde bestellter Treuhänder oder dessen Stellvertreter sein. Gegen den die Funktionen des Treuhänders ausübenden Staatskommissar richtet sich die Strafandrohung nicht, § 51.

Die im § 36 gegebene Bezeichnung des Thatbestandes ist ebenso auszulegen, wie im § 266 St.G.B., dem sie nachgebildet ist.

Hiernach ist mit absichtlich lediglich der Vorsatz bezeichnet. Es ist also nur das Bewußtsein, daß die Handlung den benachtheiligenden Erfolg haben werde, erforderlich; auch der eventuelle Dolus genügt.

---

*) Vgl. § 312 H.G.B., § 146 des Gesetzes, betreffend die Erwerbs- und Wirthschaftsgenossenschaften.

Unter zum Nachtheile handeln ist die wirkliche Herbeiführung einer Vermögensbeschädigung zu verstehen, sei es durch ein positives Handeln, sei es durch eine pflichtwidrige Unterlassung; auch in einer bloßen Gefährdung kann die Vermögensbeschädigung gefunden werden, wenn sie bereits eine nachtheilige Veränderung des gegenwärtigen Vermögenszustandes enthält. Die Vermögensbeschädigung braucht nicht dauernd zu sein. Eine nachträgliche Ausgleichung kann sie nicht ungeschehen machen. Vgl. zu dem Vorstehenden Olshausen, Kommentar zum Strafgesetzbuch, Anm. 2 u. 12 zu § 266, Staub, Kommentar zum Handelsgesetzbuch, 5. Aufl., Anm. zu Artikel 249, Die strafrechtlichen Nebengesetze von Stenglein, Appelius und Kleinfeller, 2. Aufl., Anm. 6 bis 9 zu Artikel 249 H.G.B.

Eine die Anwendbarkeit des § 36 begründende Vermögensbeschädigung kann nur in Frage kommen in betreff des obligatorischen Anspruchs der P.G. auf das Vorhandensein und die fortdauernde Erhaltung einer vorschriftsmäßigen P.D., vgl. Vorbemerkung zu § 29 S. 54. In Betracht kommen hauptsächlich die Vorschriften des § 6 Abs. 1, 3, 4, des § 11 und des § 12 Abs. 1, 2 und Abs. 3 Satz 2, 3, 4, des § 40 Abs. 2 und des § 49. Hingegen werden Verstöße gegen die Vorschriften, welche nicht die Sicherheit der P.D., sondern eine Einwirkung auf den Geschäftsbetrieb der Bank bezwecken, nicht ausreichen, vgl. § 6 Abs. 2, § 21 Abs. 1 Satz 2, § 12 Abs. 3 Satz 1. Ob der Treuhänder pflichtwidrig gehandelt hat, ist zunächst nach Maßgabe der §§ 30 bis 32 zu beurtheilen. Der Thatbestand des Delikts wird beispielsweise erfüllt durch eine der Vorschrift des § 31 Abs. 2 zuwider erfolgte Herausgabe eines zur P.D. bestimmten Objekts, mag auch das übrige Vermögen der H.B. den P.G. zur Zeit der Herausgabe völlige Sicherheit gewähren. Da für die Erhaltung des übrigen Vermögens keinerlei Gewähr geboten ist, so tritt mit der Herausgabe alsbald eine Gefährdung der den P.G. gesetzlich gewährleisteten Sicherung ein. Ferner ist zu nennen die Ertheilung der im § 30 Abs. 3 vorgeschriebenen Bescheinigung ohne Vorhandensein einer vorschriftsmäßigen Deckung.

§. 37.*)

Wer für eine Hypothekenbank wissentlich[1]) Hypothekenpfandbriefe über den Betrag hinaus ausgiebt,[2]) welcher durch die in das Hypothekenregister eingetragenen Hypotheken und Werthpapiere oder das in der Verwahrung des Treuhänders befindliche Geld vorschriftsmäßig gedeckt ist,[3]) wird mit Gefängniß bis zu einem Jahre und mit Geldstrafe bis zu zwanzigtausend Mark bestraft.

Die gleiche Strafe trifft denjenigen, welcher für eine Hypothekenbank wissentlich[4]) über eine in das Hypothekenregister[5]) eingetragene Hypothek oder über ein in das Register eingetragenes Werthpapier durch Veräußerung oder Belastung verfügt,[6]) obwohl die übrigen in das Register eingetragenen Hypotheken und Werthpapiere zur vorschriftsmäßigen Deckung der Hypothekenpfandbriefe nicht genügen,[7]) sowie denjenigen, welcher der Vorschrift des §. 31 Abs. 2 Satz 2 zuwider es unterläßt, bei der Rückzahlung einer Hypothek das gezahlte Geld dem Treuhänder zur Verwahrung zu übergeben.[8])

Sind mildernde Umstände vorhanden, so kann auf die Geldstrafe allein erkannt werden.

---

*) Vgl. § 55 des Bankgesetzes vom 14. März 1875.

1. Der Thäter muß sich bewußt sein, daß der Betrag, welcher vorschriftsmäßig gedeckt ist, überschritten wird. Es genügt aber auch, wenn er zweifelt, ob dieser Betrag überschritten wird oder nicht, trotzdem aber die P.B. ausgiebt, also die Ausgabe auch für den Fall will, daß eine Ueberschreitung stattfindet. Vgl. Die strafrechtlichen Nebengesetze des Deutschen Reichs von Stenglein, Appelius, Kleinfeller Anm. 5 zu Artikel 249a des Handelsgesetzbuchs. Olshausen, Strafgesetzbuch, Anm. 23 zu § 257.

2. Abweichend von § 145a St.G.B., Artikel 34 Nr. IV E.G. z. B.G.B. ist nur das „Ausgeben", nicht auch das „in Verkehr bringen" mit Strafe bedroht. Ausgegeben werden aber die P.B. nur von der H.B. Subjekt des Vergehens kann somit nur eine mit der Geschäftsführung der H.B. betraute und für diese handelnde Person sein. Dementsprechend bemerkt auch die Begründung (56), daß die Strafvorschrift sich nur gegen solche Personen richtet. Es kommen die persönlich haftenden Gesellschafter einer K.G. a. A., der Vorstand einer A.G., Prokuristen, Bevollmächtigte u. s. w. in Betracht. Die Bankiers, deren sich die H.B. als Verkaufsstellen bedient, können nicht Thäter, sondern nur Gehülfen sein, § 49 St.G.B. Das Gleiche gilt vom Treuhänder, welcher der H.B. die im § 30 Abs. 3 vorgeschriebene Bescheinigung zu Unrecht ertheilt; jedoch wird hier, wenn nicht der im § 51 bezeichnete Fall gegeben ist, gewöhnlich Idealkonkurrenz mit dem Vergehen gegen § 36 vorliegen.

Ausgegeben kann nur ein P.B. werden, welcher sich noch nicht im Umlaufe befunden hat. Hat die H.B. eigene P.B. erworben (§ 5 Abs. 2) und veräußert sie diese wieder, so liegt ein Ausgeben nicht vor.

Das Ausgeben ist vollendet, wenn ein P.B. an einen Dritten gelangt, der den P.B. nicht nur für die H.B. haben soll, vgl. Strafrechtliche Nebengesetze von Stenglein, Appelius, Kleinfeller Anm. 5 zu § 55 des Bankgesetzes.

So lange die P.B. sich noch bei dem Bankier befinden, dem sie nur zum kommissionsweisen Verkauf überlassen sind, ist die Ausgabe noch nicht vollendet, es liegt vielmehr nur ein strafloser Versuch vor.

3. Bei der Beantwortung der Frage, ob die vorschriftsmäßige Deckung bei der Ausgabe vorhanden war, muß in erster Linie geprüft werden, ob die sämmtlichen von der H.B. ausgegebenen, noch im Umlaufe befindlichen (vgl. Anm. 1 zu § 6) P.B. in Höhe des Nennwerths und der Zinsen durch die in das Register (§ 22) eingetragenen Hypotheken, Grundschulden (§ 40 Abs. 1) und Werthpapiere (§ 6 Abs. 4), soweit diese als Deckung in Ansatz gebracht waren (vgl. § 23 Abs. 2 und Anm. 7 dazu), oder das unter dem Mitverschlusse des Treuhänders befindliche Geld (§ 31 Abs. 1) vollständig gedeckt waren (§ 6 Abs. 1). Die Strafbarkeit beginnt in dem Augenblick, in welchem dieses Gleichgewicht gestört wird.

Aber auch ohne eine Störung des Gleichgewichts kann die Ausgabe strafbar sein, wenn die Deckung zwar ausreicht aber nicht vorschriftsmäßig beschaffen ist. Daß eine Vermögensbeschädigung eingetreten ist, gehört nicht zum Thatbestande des Vergehens, vgl. dagegen Anm. 1 zu § 36. Es ist also strafbar, wenn die bei der Neu-Emission erforderliche Ergänzung der Deckung nicht durch Hypotheken oder Grundschulden, sondern durch Geld oder Werthpapiere erfolgt ist, vgl. Anm. 13 zu § 6, oder wenn sich in der Deckung über den im § 12 Abs. 3 vorgesehenen Betrag hinaus Hypotheken auf Neubauten oder Bauplätzen befinden, oder wenn Hypotheken oder Werthpapiere mit einem höheren Betrag als P.D. in Ansatz gebracht sind, als zulässig ist, vgl. Anm. 7 zu § 23. Vgl. im Uebrigen §§ 6, 10 bis 12, § 21 Abs. 1 Satz 2, § 40 Abs. 2, § 49.

4. Vgl. Anm. 1.

5. Vgl. § 22.

6. Als Thäter können hier gleichfalls nur die mit der Geschäftsführung der H.B. betrauten Personen in Betracht kommen, vgl. Anm. 2.

Es handelt sich nur um solche Verfügungen, durch welche der zur P.D. bestimmte Gegenstand dem Vorzugsrechte der P.G. entweder ganz oder theilweise entzogen wird, vgl. Anm. 1 zu § 35. Obligatorische Verträge stellen eine solche Verfügung nicht dar. Andererseits liegt auch eine Verfügung nicht vor, wenn die Bank, nachdem ihr die Hypothek von dem Eigenthümer oder dem persönlichen Schuldner zurückgezahlt ist, diesem oder einem neuen Gläubiger eine Abtretungserklärung ausstellt; denn die Abtretungserklärung enthält hier sachlich keine Verfügung, da die Hypothek schon mit der Rückzahlung auf den Eigenthümer oder auf den persönlichen Schuldner übergegangen war, § 1143, § 1163 Abs. 1 Satz 2, § 1164 B.G.B.; die Abtretungserklärung dient also nur dazu, die Legitimation des nunmehr Berechtigten darzuthun (K.B. 36).

Die Verfügung muß in einer „Veräußerung oder Belastung" bestehen; damit ist klargestellt, daß die Annahme einer Zahlung, die allerdings eine Verfügung enthält, selbst dann nicht strafbar ist, wenn die verbleibende P.D. nicht ausreicht und die H.B. zur Annahme der Zahlung nicht verpflichtet war. In diesem Falle werden die P.G. durch die folgende Strafvorschrift geschützt. Auch eine Kündigung ist unter keinen Umständen strafbar (K.B. 36).

Merzbacher Anm. 5 zu § 37 nimmt an, daß nur entgeltliche Veräußerungen und Belastungen in Frage kommen, da unentgeltliche Verfügungen unter § 36 fallen. § 36 betrifft indessen nur den Treuhänder. Es liegt also kein Grund vor, zwischen Entgeltlichkeit und Unentgeltlichkeit zu unterscheiden.

7. Es gilt hier das in Anm. 3 Gesagte, insbesondere

auch, daß eine Vermögensbeschädigung nicht eingetreten zu sein braucht.

8. Zur Uebergabe des Geldes verpflichtet ist nur die H.B. Die Strafvorschrift richtet sich also nur gegen diejenige mit der Geschäftsführung der H.B. betraute Person, welche nach Lage der Sache für die Uebergabe an den Treuhänder Sorge zu tragen hatte, nicht also z. B. gegen den Notar, der zur Empfangnahme des Geldes ermächtigt war. Das Vergehen ist vollendet, sobald die Uebergabe nach dem ordnungsmäßigen Geschäftsgang erfolgen konnte, aber unterblieben ist. Daß die Ablieferung in der Absicht unterlassen wird, das Geld für die H.B. oder anderweit zu verwenden, ist nicht erforderlich.

§. 38.

Wer für eine Hypothekenbank Hypothekenpfandbriefe ohne die nach §. 30 Abs. 3 erforderliche Bescheinigung ausgiebt,[1]) wird mit Geldstrafe bis zu eintausend Mark oder mit Gefängniß bis zu drei Monaten bestraft.

1. Vgl. Anm. 2 zu § 37.

§. 39.

Zuwiderhandlungen gegen die Vorschrift des §. 2 werden mit Geldstrafe bis zu dreitausend Mark bestraft.[1])

1. Wegen der bei dem Inkrafttreten des Gesetzes in das Genossenschaftsregister eingetragenen Genossenschaften vgl. § 45 Abs. 2.

Grundschulden.

§. 40.

Den Hypotheken stehen im Sinne dieses Gesetzes die Grundschulden gleich.[1])

Hat die Bank ein Grundstück zur Verhütung von Verlusten an einer ihr an dem Grundstücke zustehenden Hypothek oder Grundschuld bei der Zwangsversteigerung erworben und an Stelle der gelöschten Hypothek oder Grundschuld für sich eine Grundschuld eintragen lassen, so findet auf diese die Vorschrift des §. 6 Abs. 3 entsprechende Anwendung.[2])

1. Vgl. §§ 1191 bis 1198 B.G.B., Artikel 195 E.G. z. B.G.B., Anm. 3 zu § 1. Die Grundschulden sind durchweg den Hypotheken gleichgestellt. Wo das Gesetz von Hypotheken spricht, gilt die Vorschrift in gleicher Weise für Grundschulden. Ein Hypothekenbankgeschäft läge auch dann vor, wenn die Bank sich auf den Erwerb von Grundschulden und die Ausgabe von Schuldverschreibungen auf Grund der erworbenen Grundschulden beschränkte, vgl. Vorbemerkung zu § 1. Die Schuldverschreibungen wären alsdann gleichfalls als Hypothekenpfandbriefe zu bezeichnen. Grundschuldbanken und Grundschuldpfandbriefe, von denen Merzbacher Anm. 1 zu § 40 spricht, kennt das Gesetz nicht. Es ist auch kein Grund ersichtlich, warum, wie Merzbacher will, die Grundschulden in den Bilanzen der H.B. (§ 24 Nr. 1, 2, § 27, § 28 Nr. 1 bis 6) gesondert aufgeführt werden müßten. Vielmehr können die Angaben für Hypotheken und Grundschulden zusammen erfolgen. Die Anlegung einer besonderen Abtheilung für Grundschulden im Hypothekenregister (§ 22) wird sich allerdings der Uebersichtlichkeit halber empfehlen, kann aber nicht für nothwendig erachtet werden.

2. § 40 Abs. 2 dient zur Ergänzung der im § 6 Abs. 3 enthaltenen Vorschrift. Die erwähnte Vorschrift hat an sich nur ein beschränktes Anwendungsgebiet; denn in dem praktisch wichtigsten Falle, daß die H.B. das Grundstück bei der von ihr selbst betriebenen

Zwangsversteigerung erwirbt, erlischt die Hypothek oder Grundschuld, da sie nicht in das geringste Gebot fällt, § 44, § 52 Abs. 1, § 91 Abs. 1 des Gesetzes über die Zwangsversteigerung und die Zwangsverwaltung. Die H.B. ist dann nur in der Lage, an Stelle der gemäß § 130 Abs. 1 l. c. gelöschten Hypothek oder Grundschuld eine Grundschuld für sich eintragen zu lassen, § 1196 B.G.B., und diese zur P.D. zu verwenden; hierbei greift die Vorschrift des § 6 Abs. 3 gleichfalls Platz. Die Grundschuld darf demnach nur zur Hälfte des Betrags als P.D. in Ansatz gebracht werden, zu welchem die erloschene Hypothek oder Grundschuld in Ansatz gebracht war, vgl. Anm. 12 zu § 6, Anm. 7 zu § 23. Eine Verpflichtung, die Grundschuld eintragen zu lassen und zur P.D. zu verwenden, besteht nicht. Vielmehr kann die Ergänzung der Deckung auch durch andere Hypotheken oder Grundschulden oder auch einstweilen nach Maßgabe des § 6 Abs. 4 erfolgen.

Ausgabe von Kommunal- und Kleinbahnobligationen durch Hypothekenbanken.[1])

1. §§ 41, 42 regeln die Ausgabe von Kommunal- und Kleinbahnobligationen nicht im Allgemeinen, sondern nur für den Fall, daß die Ausgabe durch eine Hypothekenbank (§ 1) erfolgt. Die Ausgabe dieser Obligationen durch eine H.B. stellt ein selbstständiges, von dem eigentlichen Hypothekenbankgeschäfte getrenntes Nebengeschäft dar, vgl. § 5 Abs. 1 Nr. 2, 3. Die Obligationen sind als solche besonders zu kennzeichnen, vgl. Vorbemerkung zu § 6 S. 15. Wie die Hypothekenpfandbriefe nur auf Grund von Hypotheken und Grundschulden ausgegeben werden dürfen, so darf die Ausgabe von Kommunalobligationen nur auf Grund nicht hypothekarischer Darlehen, die an inländische Körperschaften des öffentlichen Rechtes oder gegen Uebernahme der vollen Gewährleistung durch eine solche Körperschaft ausgeliehen sind,

und die Ausgabe von Kleinbahnobligationen nur auf Grund von Darlehen, die an inländische Kleinbahnunternehmungen gegen Verpfändung der Bahn oder gegen Uebernahme der vollen Garantie durch eine Körperschaft des öffentlichen Rechtes (vgl. Anm. 5 zu § 42) gewährt sind, erfolgen.

Die drei Arten von Schuldverschreibungen sind in jeder Beziehung getrennt zu behandeln. Vgl. aber Anm. 3f zu § 41. Nur insofern besteht eine gemeinschaftliche Einrichtung, als die nämliche Person für sämmtliche drei Arten die Thätigkeit des Treuhänders (§§ 29, 51) ausüben muß, vgl. Anm. 2 zu § 29. Dagegen ist die Deckung für jede der drei Arten gesondert zu stellen und demgemäß für jede Art ein besonderes Register (§ 22) zu führen. Es ist insbesondere nicht statthaft, dieselbe Darlehensforderung an ein Kleinbahnunternehmen, für welche eine Körperschaft des öffentlichen Rechtes die Gewährleistung übernommen hat und welche somit sowohl zur Ausgabe von Kommunalobligationen wie von Kleinbahnobligationen verwendet werden könnte (vgl. Anm. 5 zu § 42), gleichzeitig zur Deckung für beide Arten zu verwenden. Vielmehr greift auch hier der in Anm. 1 zu § 22 S. 42 betonte Grundsatz Platz, daß jedes in das Register eingetragene Objekt dem Vorzugsrechte der Schuldverschreibungsgläubiger nach seinem vollen Betrage haftet. Es kann also ein Objekt nicht gleichzeitig den Kommunalobligationsgläubigern und den Kleinbahnobligationsgläubigern haften. Es wird auch unerläßlich sein, daß der Treuhänder die Deckungsmittel für jede Art unter besonderem Verschlusse hält (§ 31 Abs. 1); anderenfalls müßten, wenn Geld gemäß § 6 Abs. 4 oder § 31 Abs. 1 Satz 2 als Ersatzdeckung verwendet wird, im Falle des Konkurses Schwierigkeiten entstehen. Im Konkursverfahren bilden die Inhaber der drei Arten von Schuldverschreibungen getrennte Interessentengruppen. Die nach Maßgabe des § 35 Abs. 4

zu berufenden Versammlungen sind für jede Art gesondert zu berufen. Der Erlös der Deckung für jede Art ist gesondert zu behandeln, und nur zur bevorrechtigten Befriedigung für die Schuldverschreibungen der betreffenden Art zu verwenden.

§. 41.

Werden von einer Hypothekenbank auf Grund nicht hypothekarischer Darlehen, die an inländische Körperschaften des öffentlichen Rechtes[1]) oder gegen Uebernahme der Gewährleistung durch eine solche Körperschaft gewährt sind,[2]) Schuldverschreibungen ausgegeben, so finden auf diese Schuldverschreibungen und die ihnen zu Grunde liegenden Darlehensforderungen die Vorschriften des §. 6 Abs. 1, 4 und der §§. 8, 9, 22, 23, 25, 26, 29 bis 38 entsprechende Anwendung.[3])

Die Schuldverschreibungen, welche die Hypothekenbank gemäß Abs. 1 ausgiebt, dürfen unter Hinzurechnung der im Umlaufe befindlichen Hypothekenpfandbriefe den für die letzteren im §. 7 bestimmten Höchstbetrag nicht um mehr als den fünften Theil übersteigen.[4])

1. Ueber den Begriff der Körperschaft des öffentlichen Rechtes vgl. Anm. 2 zu § 5.

2. Ueber die Bedingungen, unter welchen solche Darlehen zu gewähren sind, enthält das Gesetz keine Vorschrift; sie sind der Festsetzung im Einzelfall überlassen. Die §§ 10 bis 21 sind nicht entsprechend anzuwenden.

3. Zur Anwendung kommen hiernach:

a. die Vorschriften des § 6 Abs. 1 und 4 hinsichtlich der Höhe der Deckung für die Kommunalobligationen durch Darlehensforderungen der bezeichneten Art und die Beschaffung einer Ersatzdeckung in Ausnahmefällen;

b. die Vorschriften des § 8 hinsichtlich des Inhalts und der Rückzahlung der Kommunalobligationen;

c. das Verbot des § 9 hinsichtlich der Ausgabe von Kommunalobligationen, deren Einlösungswerth den Nennwerth übersteigt;

d. die Vorschrift des § 22 hinsichtlich der Anlegung eines Registers für die zur Deckung bestimmten Darlehensforderungen sowie für die zur Ersatzdeckung bestimmten Werthpapiere und hinsichtlich der halbjährlichen Mittheilung der Eintragungen an die Aufsichtsbehörde;

e. die Vorschrift des § 23 über die halbjährliche Veröffentlichung des Gesammtbetrags der im Umlaufe befindlichen Schuldverschreibungen sowie des Standes der Deckung;

f. die Vorschriften des § 25 über die bilanzmäßige Behandlung eines bei der Ausgabe der Kommunalobligationen entstandenen Disagios und der durch die Ausgabe entstandenen Kosten, sowie die Vorschrift, daß Ansprüche der Bank auf Jahresleistung der Darlehensschuldner für die auf das Bilanzjahr folgende Zeit nicht in die Aktiven der Bilanz aufgenommen werden dürfen. Wegen der bestehenden H.B. vgl. § 50 Abs. 1; wegen eines vor dem Inkrafttreten des Gesetzes entstandenen Disagios, der Kosten u. s. w. vgl. § 50 Abs. 2.

Bei der Anwendung der Vorschrift des § 25 Abs. 2 Halbsatz 1 ergeben sich keine Schwierigkeiten. Hiernach dürfen die nach Maßgabe des § 25 Abs. 1 mit Bezug auf das bei der Ausgabe von Kommunalobligationen entstandene Disagio in die Aktiven der Bilanz einzusetzenden Posten zusammen nicht mehr betragen, als das Doppelte des Ueberschusses, den die Zinsen der im § 41 bezeichneten Darlehensforderungen der Bank für das Bilanzjahr ergeben, wenn von ihnen die Zinsen der Obligationen und außerdem ein Viertheil vom Hundert der Gesammtsumme der Darlehensforderungen abgezogen werden.

Zweifel können entstehen hinsichtlich der weiteren Begrenzung des Höchstbetrags, welche im § 25 Abs. 2 Halbsatz 2 enthalten ist. Es sind zwei Auslegungen denkbar: Entweder ist der nach dieser Vorschrift zulässige Höchstbetrag der Aktivposten für jede der drei Arten von Schuldverschreibungen besonders zu berechnen; es könnten also, wenn außer Hypothekenpfandbriefen noch Kommunalobligationen und Kleinbahnobligationen sämmtlich mit Disagio ausgegeben sind, die nach Maßgabe des § 25 Abs. 1, § 41 Abs. 1, § 42 Abs. 1 in die Bilanz einzustellenden drei Aktivposten jeder für sich soviel wie der im § 262 H.G.B. bezeichnete Reservefonds und zusammen also das Dreifache dieses Fonds betragen. Oder aber sie dürfen zusammen nur soviel wie dieser Fonds betragen. Die letztere Auslegung scheint den Vorzug zu verdienen. Die Vorschrift des § 25 Abs. 2 Halbsatz 2 ist von der Reichstagskommission eingeschoben worden, um zu verhüten, daß eine H.B. durch die Einsetzung des Disagios, welches einen wirklichen Vermögensbestandtheil nicht darstellt, in die Aktiven eine in Wahrheit vorhandene Unterbilanz verdeckt (K.B. 24). Dieser Absicht des Gesetzgebers wird nur die letztere Auffassung gerecht;

g. die Vorschriften des § 26 hinsichtlich der Verwendung eines bei der Ausgabe von Kommunalobligationen erzielten Agios. Wegen der bestehenden H.B. vgl. § 50 Abs. 1;

h. die Vorschriften der §§ 29—34 insofern, als der für die Bank bestellte Treuhänder und dessen Stellvertreter die nämlichen Verrichtungen, welche ihm zum Zwecke der Sicherung der P.G. obliegen, auch zum Zwecke der Sicherung der Obligationsgläubiger auszuüben hat.

Bei der Prüfung der vorschriftsmäßigen Beschaffenheit der einzelnen zur Deckung verwendeten Darlehensforderung (§ 30 Abs. 1) muß sich hier der Treuhänder darauf beschränken, zu untersuchen, ob die Darlehensforderung gegenüber einer Körperschaft des öffentlichen Rechtes besteht oder ob von einer solchen Körperschaft in rechtsverbindlicher Weise die volle Gewährleistung übernommen ist; die Sicherheit der Forderung zu prüfen, steht ihm nicht zu. Unter dem Mitverschlusse des Treuhänders (§ 31 Abs. 1) sind die Darlehensurkunden sowie die sonstigen Urkunden, welche der Bank zum Beweise ihrer Rechte dienen, zu bringen. Eine unbedingte Sicherheit der Obligationsgläubiger gegen Verfügungen über die Darlehensforderungen wird freilich durch diesen Mitverschluß nicht bewirkt;

i. die Vorschriften des § 35 hinsichtlich der bevorrechtigten Befriedigung der Obligationsgläubiger aus den in das Register eingetragenen Darlehensforderungen und Werthpapieren sowie aus dem unter dem Mitverschlusse des Treuhänders befindlichen Gelde, hinsichtlich ihrer Befriedigung wegen des Ausfalls, hinsichtlich der im Besitze der Bank befindlichen Obligationen und hinsichtlich der Versammlungen der Obligationsgläubiger;

k. die Strafvorschriften der §§ 36—38.

Im Einzelnen kann auf die Anmerkungen zu den citirten Paragraphen verwiesen werden.

4. Kommunalobligationen und Pfandbriefe können hiernach bis zum achtzehnfachen Betrage des eingezahlten Grundkapitals und des ausschließlich zur Deckung einer Unterbilanz oder zur Sicherung der Pfandbriefgläubiger bestimmten Reservefonds ausgegeben werden, jedoch mit der Maßgabe, daß die Pfandbriefe für sich auch hier den fünfzehnfachen Betrag nicht übersteigen dürfen (Begr. 58). Die an sich selbstverständlich zulässige Bildung eines ausschließlich zur Sicherung der Obligationsgläubiger bestimmten Reservefonds ist vom Gesetze nicht

in Betracht gezogen. Es ist daher nicht angängig, einen etwa gebildeten Fonds dieser Art bei der Berechnung des zulässigen Höchstbetrags der Obligationsausgabe in Betracht zu ziehen.

Wegen der bestehenden H.B. vgl. § 46 Abs. 3, § 48.

§. 42.

Werden von einer Hypothekenbank auf Grund von Darlehen, die an Kleinbahnunternehmungen[1]) gegen Verpfändung der Bahn[2]) gewährt sind, Schuldverschreibungen ausgegeben, so finden auf diese Schuldverschreibungen und die ihnen zu Grunde liegenden Darlehensforderungen die im §. 41 Abs. 1 angeführten Vorschriften entsprechende Anwendung.[3]) Die von der Hypothekenbank in der bezeichneten Weise ausgegebenen Schuldverschreibungen stehen im Sinne der Vorschriften des §. 7 und des §. 41 Abs. 2 den Hypothekenpfandbriefen gleich.[4])

Die Satzung der Bank kann bestimmen, daß auf Grund der Forderungen aus den gemäß Abs. 1 gewährten Darlehen und auf Grund der Forderungen aus Darlehen, die an Kleinbahnunternehmungen gegen Uebernahme der Gewährleistung durch eine inländische Körperschaft des öffentlichen Rechtes gewährt sind, Schuldverschreibungen einer und derselben Art ausgegeben werden, denen beide Arten von Forderungen zur Deckung dienen.[5]) In dem Geschäftsbericht oder in der Bilanz ist der Gesammtbetrag der Forderungen der einen und der anderen Art ersichtlich zu machen.[6])

Im Uebrigen sind die für die Gewährung von Darlehen an Kleinbahnunternehmungen maßgebenden Grundsätze von der Hypothekenbank festzustellen;[7]) die Grundsätze bedürfen der Genehmigung der Aufsichtsbehörde. Die Vorschriften des §. 13 Abs. 2 finden entsprechende Anwendung.[8])

1. Ueber den Begriff der Kleinbahn vgl. Anm. 4 zu § 5.

2. Vgl. das preußische Gesetz, betr. das Pfandrecht an Privateisenbahnen und Kleinbahnen und die Zwangsvollstreckung in dieselben, vom 19. August 1895, Abschnitt 2, 3.

3. Vgl. Anm. 3 zu § 41. Die Prüfungspflicht des Treuhänders hinsichtlich des einzelnen Deckungsmittels (§ 30 Abs. 1) muß auf die Untersuchung beschränkt bleiben, ob die Darlehensforderungen und die für sie bestellten Pfandsicherheiten zu Recht bestehen und ob die für die Gewährung der Darlehensforderungen festgestellten Grundsätze, § 42 Abs. 3, soweit sie die Sicherheit der Darlehensforderungen betreffen, gewahrt sind, vgl. Anm. 7.

4. Die Kleinbahnobligationen dürfen mit Einschluß der Hypothekenpfandbriefe den fünfzehnfachen Betrag des im § 7 bezeichneten Kapitals der H.B. unter keinen Umständen überschreiten. Sie sind deshalb auch, wenn neben Kleinbahnobligationen und Hypothekenpfandbriefen zugleich Kommunalobligationen ausgegeben werden, bei Berechnung des Höchstbetrags, zu welchem die Ausgabe von Kommunalobligationen erfolgen darf, ebenso wie die Hypothekenpfandbriefe in Ansatz zu bringen (Begr. 59). Vgl. auch Anm. 4 zu § 41. Wegen der bestehenden H.B. vgl. § 46 Abs. 3, § 48.

5. Die Begründung bemerkt hierzu: „Darlehen an Kleinbahnunternehmungen werden nicht ausschließlich gegen Verpfändung der Bahn, sondern auch gegen

Uebernahme der Gewährleistung seitens einer Gemeinde oder eines größeren Kommunalverbandes gegeben. Damit eine H.B., die beide Arten von Darlehen an Kleinbahnunternehmungen gewährt, sich nicht genöthigt sieht, auf Grund dieser Darlehensforderungen zwei verschiedene Gattungen von Schuldverschreibungen, nämlich theils eigentliche Kleinbahnobligationen, theils Kommunalobligationen auszugeben, gestattet § 42 Abs. 2, daß in dem gedachten Falle, wenn die Satzung der Bank eine entsprechende Bestimmung enthält, auf Grund beider Arten von Darlehensforderungen nur eine und dieselbe Gattung von Schuldverschreibungen ausgegeben wird, nämlich Kleinbahnobligationen. Beide Arten von Darlehensforderungen zusammen stehen dann sowohl hinsichtlich der Aufrechterhaltung des Gleichgewichts zwischen Forderungen und Schuldverschreibungen, als hinsichtlich der Eintragung in das Register und des Vorzugsrechts der Schuldverschreibungsbesitzer wie Forderungen einer und derselben Art den Kleinbahnobligationen gegenüber. Für den Höchstbetrag der Obligationen bleibt in einem solchen Falle die Vorschrift des § 42 Abs. 1 Satz 2 maßgebend, ohne daß zu unterscheiden wäre, ob die zu Grunde liegenden Darlehensforderungen der Bank durch eine Garantie von Gemeinden und sonstigen Kommunalverbänden oder durch ein Pfandrecht an der Bahn gesichert sind. Auch, soweit die erste Voraussetzung zutrifft, findet die Vorschrift des § 41 Abs. 2, durch welche den Kommunalobligationen hinsichtlich des zulässigen Höchstbetrags eine Begünstigung gewährt wird, hier keine Anwendung."

Garantirte Darlehensforderungen an Kleinbahnunternehmungen können daher nur in Verbindung mit pfandrechtlich gesicherten Forderungen zur Ausgabe von Kleinbahnobligationen verwendet werden. Besitzt eine Bank nur Forderungen der ersteren Art, so kann sie ausschließlich Kommunalobligationen ausgeben, was mit

Rücksicht auf die Vorschrift des § 41 Abs. 2 für sie auch vortheilhafter ist.

6. Da es für die Beurtheilung des Werthes der Kleinbahnobligationen von erheblicher Bedeutung ist, in welchem Umfange sie durch garantirte und pfandrechtlich gesicherte Darlehensforderungen gedeckt sind, so sind in der Bilanz der Bank oder in dem Jahresberichte die Forderungen der einen wie der anderen Art ihrem Gesammtbetrage nach anzugeben.

7. Für die Darlehen, welche gegen Verpfändung der Bahn gewährt werden, wird die Beleihungsgrenze und die Art der Werthermittelung festgesetzt werden müssen, vgl. Anm. 3. Selbstverständlich braucht diese Festsetzung nicht unbedingt im Anschluß an die Vorschriften der §§ 11, 12 zu erfolgen. Man wird aber wohl auch hier den Verkaufswerth des Bahnunternehmens zu Grunde zu legen haben und die Gewährung des Darlehens nur gegen eine erststellige Sicherheit, welche sich innerhalb der ersten drei Fünftheile des Werthes hält, gestatten dürfen. Für die durch öffentlich-rechtliche Körperschaften garantirte Darlehensforderungen bedarf es solcher Vorschriften nicht.

8. Vgl. Anm. 3 zu § 13.

Schluß- und Uebergangsbestimmungen.

§. 43.

Der §. 17 des Einführungsgesetzes zur Konkursordnung wird durch folgende Vorschriften ersetzt:

Unberührt bleiben die landesgesetzlichen Vorschriften, nach welchen den Inhabern von Pfandbriefen, die von Kreditanstalten, welche nicht zu den Hypothekenbanken gehören, auf Grund von Hypotheken ausgestellt sind, ein Vorrecht vor allen anderen Konkursgläubigern in Ansehung der Befriedigung aus den Hypotheken der Anstalt zusteht.

Unberührt bleiben die landesgesetzlichen Vorschriften, nach welchen den Inhabern von Schuldverschreibungen, die von Körperschaften des öffentlichen Rechtes, Aktiengesellschaften, Kommanditgesellschaften auf Aktien, Gesellschaften mit beschränkter Haftung oder Genossenschaften über ein Anlehen ausgestellt sind, ein Vorrecht vor nicht bevorrechtigten Konkursgläubigern, deren Forderungen später entstehen, dadurch gewährt werden kann, daß die zu bevorrechtigenden Forderungen in ein öffentliches Schuldbuch eingetragen werden.[1])

1. § 17 des Einführungsgesetzes zur Konkursordnung lautete in der bisherigen Fassung:

Der Landesgesetzgebung bleibt vorbehalten, Bestimmungen zu treffen, nach welchen

1. den Inhabern der von Gemeinden oder anderen Verbänden, von Korporationen, Aktiengesellschaften, Kommanditgesellschaften auf Aktien oder Genossenschaften ausgestellten Pfandbriefe oder ähnlicher auf Grund erworbener Forderungen von denselben ausgestellter Werthpapiere an solchen Forderungen ein Faustpfandrecht im Sinne des § 40 der Konkursordnung dadurch gewährt werden kann, daß einem Vertreter sämmtlicher Inhaber allein oder in Gemeinschaft mit dem Aussteller die Ausübung des Gewahrsams der über die Forderungen lautenden Urkunden übertragen oder auf diesen Urkunden die Gewährung des Pfandrechts vermerkt wird;

2. den Inhabern von Schuldverschreibungen, welche von den unter Nr. 1 bezeichneten Schuldnern über eine Anleihe ausgestellt sind, an gewissen beweglichen körperlichen Sachen ein Faustpfandrecht im Sinne des § 40 der Konkursordnung dadurch gewährt werden kann, daß einem Vertreter sämmtlicher Inhaber allein oder in Gemeinschaft mit dem Aussteller die Ausübung des Gewahrsams der Sachen übertragen wird;
3. den Inhabern von Schuldverschreibungen, welche von den unter Nr. 1 bezeichneten Schuldnern über eine Anleihe ausgestellt sind, ein Vorrecht vor nicht bevorrechtigten Konkursgläubigern, deren Forderungen später entstehen, dadurch gewährt werden kann, daß die zu bevorrechtigenden Forderungen in ein öffentliches Schuldbuch eingetragen werden.

a. Abs. 1 der neuen Fassung entspricht der Vorschrift unter Nr. 1 der alten Fassung. Die alte Fassung ist, soweit sie Hypothekenbanken (§ 1) betraf, durch die Vorschriften des Gesetzes gegenstandslos geworden, da die Rechte der Besitzer der Schuldverschreibungen, welche von Hypothekenbanken ausgegeben werden dürfen (Hypothekenpfandbriefe, Kleinbahn- und Kommunalobligationen, vgl. auch § 52), nunmehr reichsgesetzlich geordnet sind. Der Vorbehalt zu Gunsten der Landesgesetzgebung bedurfte also einer Aenderung, die klarstellt, daß er sich auf Hypothekenbanken nicht mehr erstreckt.

Aber auch hinsichtlich der nicht zu den H.B. gehörigen Kreditanstalten (landschaftliche und ritterschaftliche Kreditvereine, Genossenschaften [§ 45 Abs. 2] u. s. w.) ist eine Aenderung dahin eingetreten, daß die Landesgesetzgebung die Begründung eines Pfandrechts für die Besitzer ausgegebener Schuldverschreibungen in einer im B.G.B. nicht vorgesehenen Weise nicht mehr anordnen kann. Vielmehr darf nur ein Vorzugsrecht im Konkurse nach dem Vorbilde des § 35 gewährt werden, und auch die Gewährung eines solchen Vorzugsrechts ist nur statthaft, wenn von den bezeichneten Kreditanstalten Pfandbriefe auf Grund von Hypotheken oder Grundschulden (§ 40 Abs. 1) ausgegeben werden. Für Kommunal- oder Kleinbahnobligationen und andere Schuldverschreibungen ist die Einräumung eines solchen Vorzugsrechts nicht vorgesehen. In Bezug auf die Voraussetzungen, unter welchen das Vorzugsrecht zu gewähren ist, hat die Landesgesetzgebung freie Hand. Wenn, wie dies bei den preußischen ritterschaftlichen und landschaftlichen Kreditinstituten der Fall ist, sämmtliche im Besitze der Kreditanstalt befindlichen Hypotheken zur Pfandbriefdeckung bestimmt sind, wird es auch der Anlegung eines Hypothekenregisters nicht bedürfen.

Die Einschränkung der Befugnisse, welche nach der alten Fassung der Landesgesetzgebung zustanden, greift nicht nur hinsichtlich der erst in Zukunft zu erlassenden, sondern auch hinsichtlich der bereits bestehenden Vorschriften Platz. Außer Kraft treten somit alle landesgesetzlichen Bestimmungen, welche den Inhabern von Schuldverschreibungen einer Hypothekenbank oder anderen Kreditanstalt ein Pfandrecht an den Deckungsmitteln gewähren, welches nicht nach Maßgabe der Vorschriften des B.G.B. zu begründen ist. Soweit aber nach Maßgabe solcher landesgesetzlicher Bestimmungen ein Pfandrecht bereits begründet ist, bleibt es, vorbehaltlich einer abweichenden Vorschrift der Landesgesetze, bestehen. Ein Anderes gilt nur bezüglich der Pfandrechte, welche für die Inhaber der von einer Hypothekenbank ausgegebenen Hypothekenpfandbriefe begründet sind. Diese Pfandrechte erlöschen nach Maßgabe des § 53 Abs. 2 Satz 1. In Ansehung der von einer H.B. ausgegebenen Kommunal- und Kleinbahnobligationen ist eine solche Anordnung nicht getroffen, vgl. Anm. zu § 53 Abs. 2 Satz 1.

b. Der Vorbehalt unter Nr. 2 der alten Fassung ist in Fortfall gebracht, da, soweit eine solche Pfandbestellung den Vorschriften des B.G.B. entsprechend erfolgt, sie nach § 48 K.O. ohne Weiteres auch für den Konkurs wirksam ist. Das Gesetz, betreffend die Rechte der Besitzer von Schuldverschreibungen, giebt die Möglichkeit, einen Vertreter der Schuldverschreibungsgläubiger zu wählen, dem die Vertretungsmacht zur Begründung eines Pfandrechts an beweglichen Sachen und Rechten für die Gläubiger übertragen werden kann.

c. Die Vorschrift unter Nr. 3 der alten Fassung ist im Abs. 2 der neuen Fassung ohne sachliche Aenderung wiedergegeben.

§. 44.

Dieses Gesetz tritt, soweit sich nicht aus dem §. 53 ein Anderes ergiebt, gleichzeitig mit dem Bürgerlichen Gesetzbuch in Kraft.

1. E.G. z. B.G.B. Artikel 1. Das B.G.B. tritt am 1. Januar 1900 in Kraft.

Ueber die Frage der Rückwirkung vgl. §§ 45 bis 49.

§. 45.

Auf die bei dem Inkrafttreten dieses Gesetzes bestehenden Hypothekenbanken finden die Vorschriften des §. 1 Abs. 1, 2 keine Anwendung.[1])

Auf die bei dem Inkrafttreten dieses Gesetzes in das Genossenschaftsregister eingetragenen Genossenschaften findet, sofern sie vor dem 1. Mai 1898 gemäß den Bestimmungen ihrer Satzung die im §. 1 Abs. 1 bezeichneten Geschäfte betrieben haben, die Vorschrift des § 2 keine Anwendung.[2])

1. Für Satzungsänderungen, die nach dem 1. Jan. 1900 vorgenommen werden, ist demnach auch von den am 1. Jan. 1900 bereits bestehenden H.B. die Genehmigung gemäß § 1 Abs. 3 nachzusuchen. In der Reichstags-Kommission ist unter allseitigem Einverständnisse festgestellt worden, daß diejenigen Aenderungen der Satzungen, welche nothwendig sind, um die Satzungen mit dem neuen Gesetz in Einklang zu bringen, noch vor dem 1. Jan. 1900 vorgenommen werden können und daß sich in diesem Falle auch das Erforderniß staatlicher Genehmigung und die hierfür zuständige Stelle nach den gegenwärtig geltenden Vorschriften bestimmen (K.B. 37). Ob eine Aenderung vor dem 1. Jan. 1900 erfolgt ist, kann sich nur danach bestimmen, ob die Aenderung nach Maßgabe der Artikel 180 f, 180 g oder des Artikel 215 H.G.B. vor diesem Tage beschlossen worden ist, so daß der Eintragung in das Handelsregister nichts mehr im Wege stand.

Das Gesetz enthält keine ausdrückliche Entscheidung der Frage, ob die vor dem 1. Jan. 1900 bereits bestehenden H.B., denen nur eine zeitlich beschränkte Konzession für den Geschäftsbetrieb seitens der Landesbehörde ertheilt war, einer erneuten Konzession bedürfen, wenn die Konzession nach dem Inkrafttreten des Gesetzes abläuft. Nach ausdrücklicher Vorschrift des § 45 Abs. 1 findet aber § 1 Abs. 1 auf die bestehenden H.B. keine Anwendung. Die Genehmigung der Fortsetzung des Hypothekenbankgeschäfts durch den Bundesrath ist also nicht erforderlich; der Landesbehörde aber kommt die Ertheilung einer solchen Genehmigung, abgesehen von dem Falle des § 1 Abs. 2, nicht mehr zu. Hiernach steht nichts im Wege, daß die bezeichneten H.B. ihren Geschäftsbetrieb fortsetzen, vorausgesetzt, daß zu dieser Fortsetzung nicht eine Aenderung der Satzungen erforderlich ist und somit § 1 Abs. 3 Platz greift.

2. Die Vorschrift des Abs. 2 stellt klar, daß die eingetragenen Genossenschaften, welche schon vor dem 1. Mai 1898 Hypothekenbankgeschäfte (§ 1 Abs. 1) betrieben haben, durch das Verbot des § 2 und somit auch durch die Strafvorschrift des § 39 nicht betroffen werden. Solche Genossenschaften gehören nicht zu den Hypothekenbanken im Sinne des Gesetzes, vgl. Vorbemerkung zu § 1. Die Vorschriften des Gesetzes sind daher für sie nicht maßgebend, vielmehr bleiben sie den bisher für sie geltenden Bestimmungen unterworfen.

§. 46.*)

Die bei dem Inkrafttreten dieses Gesetzes bestehenden Hypothekenbanken unterliegen den Vorschriften des §. 5 insoweit nicht, als sie bis zum 1. Mai 1898 gemäß den Bestimmungen ihrer Satzung Geschäfte in weiterem als dem im §. 5 bezeichneten Umfange betrieben haben.[1])

Eine Hypothekenbank, die von dem Rechte des erweiterten Geschäftsbetriebs nach Maßgabe des Abs. 1 Gebrauch macht, darf Hypothekenpfandbriefe

*) § 46 enthält sowohl eine Begünstigung, wie eine Benachtheiligung der gemischten H.B., welche vor dem 1. Mai 1898 ihren Geschäftsbetrieb über die im § 5 gezogenen Grenzen ausgedehnt hatten; eine Begünstigung, insofern als die Beibehaltung des bisherigen Geschäftsbetriebs gestattet wird; eine Benachtheiligung, insofern als im Falle, daß von dieser Begünstigung Gebrauch gemacht wird, eine Beschränkung des Höchstbetrags, zu welchem Pfandbriefe, Kommunal- und Kleinbahnobligationen ausgegeben werden dürfen, gegenüber den Vorschriften des § 7 eintritt, vgl. aber § 48.

nur bis zum zehnfachen Betrage des eingezahlten Grundkapitals und des im §. 7 bezeichneten Reservefonds ausgeben. Die Befugniß zur Ausgabe von Hypothekenpfandbriefen ist auf den doppelten Betrag des eingezahlten Grundkapitals und des im §. 7 bezeichneten Reservefonds beschränkt, wenn bei dem Inkrafttreten des Gesetzes die von der Bank ausgegebenen Hypothekenpfandbriefe den doppelten Betrag des eingezahlten Grundkapitals nicht übersteigen.[2])

Der Betrag, bis zu welchem hiernach eine Bank Hypothekenpfandbriefe ausgeben darf, tritt auch im Sinne des §. 41 Abs. 2 an die Stelle des im §. 7 bestimmten Höchstbetrags.[3])

1. a) Es ist also vorausgesetzt, daß die am 1. Mai 1898 im Handelsregister eingetragenen Satzungen bei der Bestimmung des Gegenstandes des Unternehmens den Betrieb von Geschäften vorsahen, welche im § 5 überhaupt nicht oder nur in einem geringeren Umfange (§ 5 Abs. 1 Nr. 5, 6) gestattet sind, ferner daß diese Geschäfte den Bestimmungen der Satzung entsprechend bis zum 1. Mai 1898 thatsächlich betrieben worden sind. Durch die Satzung gestattete Geschäfte, welche in dem maßgebenden Zeitpunkte nicht mehr betrieben wurden, können der Vorschrift des § 5 zuwider nach dem 1. Jan. 1900 nicht weiter betrieben werden, auch wenn sie in der Zwischenzeit wiederaufgenommen worden sind. Desgleichen können Geschäfte, welche durch die Satzung über den im § 5 bezeichneten Umfang hinaus gestattet sind, nach dem 1. Jan. 1900 nur nach Maßgabe des § 5 betrieben werden, wenn der Betrieb bis zum 1. Mai 1898 sich thatsächlich innerhalb

der Grenzen des § 5 hielt. Hat jedoch eine H.B. solche Geschäfte gemäß den Bestimmungen ihrer Satzung in weiterem als dem im § 5 bestimmten Umfange betrieben, so darf sie diese Geschäfte nach dem 1. Jan. 1900 in dem vollen durch ihre Satzungen gestatteten Umfang auch dann betreiben, wenn sie bisher noch nicht ganz bis zu der in ihren Satzungen gezogenen Grenze gegangen sein sollte (K.B. 38).

Von der im § 46 Abs. 1 ertheilten Befugniß braucht nicht alsbald Gebrauch gemacht zu werden. Sie bleibt vielmehr für immer bestehen. Selbstverständlich kann aber eine H.B., welche von der Befugniß des erweiterten Geschäftsbetriebs zunächst keinen Gebrauch gemacht hat, und in Folge dessen auch der Beschränkung des § 46 Abs. 2 nicht unterlag, nur dann die betreffenden Geschäfte wieder aufnehmen, wenn sie auch den Betrag der von ihr ausgegebenen Schuldverschreibungen auf die im § 46 Abs. 2 bezeichnete Grenze zurückführt. Andererseits ist aber auch eine H.B., die von der Befugniß Gebrauch gemacht hat, jeder Zeit in der Lage, darauf zu verzichten, und dadurch die Voraussetzungen für die Anwendung der §§ 7, 41, 42 zu schaffen. Diesen Fall betrifft § 47.

b) Es muß in den Satzungen der in Rede stehenden Banken klar zum Ausdrucke kommen, ob sie von der Befugniß Gebrauch machen oder nicht. Die bisher üblichen ganz allgemein gehaltenen Bestimmungen über den Gegenstand des Unternehmens, die nach ihrem Wortlaut alle möglichen Geschäftszweige gestatten könnten, sind nicht mehr zulässig, vielmehr sind die Geschäftszweige, welche über den Rahmen des § 5 hinaus betrieben werden sollen, bestimmt zu bezeichnen. Der Antrag auf Aufnahme einer Vorschrift, welche dies ausdrücklich feststellte, ist in der Reichstagskommission abgelehnt worden, weil die beantragte Vorschrift etwas Selbstverständliches enthalte (K.B. 38).

2. Unter den H.B., welche von dem Rechte des erweiterten Geschäftsbetriebs (Abs. 1) Gebrauch machen, wird unterschieden zwischen

a) solchen, die am 1. Jan. 1900 Hypothekenpfandbriefe über den doppelten Betrag des eingezahlten Grundkapitals ausgegeben hatten, Satz 1, und

b) solchen, bei welchen dies nicht der Fall war, Satz 2.

Es entscheidet nur der Betrag der Hypothekenpfandbriefe; andere Schuldverschreibungen bleiben außer Betracht. Es entscheidet aber ferner der Betrag der ausgegebenen, nicht der noch im Umlaufe befindlichen P.B.; selbstverständlich können aber bei der Berechnung dieses Betrags P.B., welche nur an Stelle anderer, die eingezogen wurden, zur Ausgabe gelangt sind, z. B. bei einer Konversion, nicht berücksichtigt werden.

Für die unter a) bezeichneten H.B. ist der Höchstbetrag des Pfandbriefumlaufs gegenüber dem § 7 von dem Fünfzehnfachen auf das Zehnfache des im § 7 bezeichneten eigenen Kapitals der Bank herabgesetzt; siehe aber die Ausnahme im § 48.

Für die letzteren hingegen bleibt der Höchstbetrag des zulässigen Pfandbriefumlaufs auf das Doppelte des im § 7 bezeichneten Kapitals beschränkt; § 48 läßt für diese Banken keine Ausnahme zu, vgl. § 48 Abs. 3.

3. Hiernach dürfen bei den Banken, auf welche sich § 46 Abs. 2 Satz 1 bezieht (vgl. Anm. 2), die Kleinbahnobligationen mit Einschluß der Hypothekenpfandbriefe nicht mehr als das Zehnfache, die Kommunalobligationen mit Einschluß der Hypothekenpfandbriefe und der Kleinbahnobligationen nicht mehr als das Zwölffache des im § 7 bezeichneten eigenen Kapitals der Bank betragen. S. aber § 48.

Bei den Banken hingegen, auf welche sich § 46 Abs. 2 Satz 2 bezieht, dürfen die Kleinbahnobligationen mit Einschluß der Hypothekenpfandbriefe nicht mehr als das Zweifache, die Kommunalobligationen mit Einschluß der Hypothekenpfandbriefe und der Kleinbahnobligationen nicht mehr als das Zweizweifünftelfache des im § 7 bezeichneten eigenen Kapitals der Bank betragen.

§. 47.*)

Beschließt eine Hypothekenbank, die nach §. 46 nicht an die Vorschriften des §. 5 gebunden ist,[1] sich diesen Vorschriften zu unterwerfen und ihre Satzung demgemäß zu ändern, so ist, wenn im Zusammenhange damit zugleich eine Herabsetzung des Grundkapitals stattfindet,[2] die im §. 289 Abs. 3, 4 des Handelsgesetzbuchs vorgesehene Sicherstellung der Gläubiger in Ansehung der Pfandbriefgläubiger nicht erforderlich, sofern die im Umlaufe befindlichen Hypothekenpfandbriefe durch die in das Hypothekenregister eingetragenen Hypotheken vollständig gedeckt sind.[3]

*) Die Vorschrift ist von der Reichstagskommission eingeschoben. Man war der Ansicht, daß es sehr erwünscht sei, wenn die bestehenden H.B. mit gemischtem Geschäftsbetriebe sich entschlössen, auch ihrerseits zum ausschließlichen Betriebe des Hypothekenbankgeschäfts überzugehen, und zu diesem Zwecke ihre Bankabtheilungen zu getrennten selbstständigen Instituten umgestalteten. Eine solche Umwandlung aber werde in den meisten Fällen nur in der Weise möglich sein, daß ein Theil des Vermögens zur Fundirung des neu zu errichtenden für den Mobiliarkredit bestimmten Bankinstituts verwendet, also das bisherige Aktienkapital zum Theil zurückbezahlt werde, um es dem bezeichneten Zwecke zu widmen. Diese Operation will der § 47 erleichtern (K.B. 39). Vgl. unten Anm. 2, 3.

1. Vgl. Anm. 1 zu § 46.

2. Es ist nur vorausgesetzt, daß die Herabsetzung des Grundkapitals mit dem Verzicht auf die im § 46 Abs. 1 den bestehenden gemischten H.B. gewährte Begünstigung eine einheitliche Operation bildet. Daß die Operation gerade zu dem Zwecke und in der Weise erfolgt, wie man es sich bei der Aufnahme der Vorschrift dachte (vgl. Anm. *), ist selbstverständlich nicht erforderlich. Die Herabsetzung des Grundkapitals kann sowohl zur theilweisen Rückzahlung des Grundkapitals an die Aktionäre, als auch zu anderen Zwecken, z. B. zur Befreiung der Aktionäre von noch nicht geleisteten Einzahlungen, zur Beseitigung einer Unterbilanz u. s. w. erfolgen.

Trotz der Herabsetzung muß das der Bank verbleibende eigene Kapital noch mindestens denjenigen Bruchtheil des im Umlaufe befindlichen Hypothekenpfandbrief-, Kleinbahnobligationen- und Kommunalobligationenkapitals betragen, der für die Bank durch §§ 7, 41, 42 oder durch § 48 Abs. 1 oder 2 vorgeschrieben ist. Hinsichtlich der gemischten H.B., deren Schuldverschreibungsumlauf sich nach § 46 Abs. 2, 3 bestimmt, ist darauf hinzuweisen, daß der Beschluß, sich den Vorschriften des § 5 zu unterwerfen, mit seiner Eintragung (§ 277 Abs. 3 H.G.B.) die Wirkung hat, daß die H.B. den Beschränkungen des § 46 Abs. 2, 3 nicht mehr unterliegt, daß vielmehr von nun an die Vorschriften der § 7, § 41 Abs. 2, § 42 Abs. 1 oder bei den H.B., die im § 46 Abs. 2 Satz 2 bezeichnet sind, gegebenen Falles auch der § 48 (vgl. Anm. 1 zu § 48) zur Anwendung kommen.

Die in Frage stehende Maßnahme kann jeder Zeit stattfinden. Sie bedarf als Aenderung der Satzung der Genehmigung nach Maßgabe des § 1 Abs. 3. Von den Vorschriften des H.G.B. kommen in Betracht für die A.G. § 274, § 275 Abs. 1, 2, § 277, §§ 288 bis 291, für die K.G. a. A. außerdem noch § 320 Abs. 3, § 327 Abs. 2, 4, § 328 Abs. 1.

3. Nach Maßgabe des § 289 Abs. 3, 4 H.G.B. wäre auch den P.G., ebenso wie den übrigen Gläubigern der Bank, Befriedigung zu gewähren oder Sicherheit zu leisten und, wenn die Herabsetzung zur theilweisen Rückzahlung des Grundkapitals an die Aktionäre erfolgt, so dürften Zahlungen an die Aktionäre erst nach Ablauf des Sperrjahres und nach erfolgter Befriedigung oder Sicherstellung geleistet werden. Von dieser Verpflichtung ist die H.B. in Ansehung der Hypothekenpfandbriefgläubiger befreit unter der Voraussetzung, daß das Gleichgewicht zwischen den im Umlaufe befindlichen (vgl. Anm. 1 zu § 6) Hypothekenpfandbriefen und den zur Pfandbriefdeckung bestimmten Objekten, wie es stets der Fall sein soll, vorhanden ist, § 6 Abs. 1. Das Gesetz spricht allerdings nur von der Deckung durch Hypotheken (und Grundschulden, § 40 Abs. 1), es liegt indessen kein Grund für die Annahme vor, daß hiermit ein besonderes Erforderniß aufgestellt werden sollte, daß folglich, wenn Ersatzdeckung durch Werthpapiere oder Geld (§ 6 Abs. 4, § 31 Abs. 2 Satz 2) gestellt ist, die Erleichterung nicht eintritt.

Die Vorschrift nennt nur die Pfandbriefgläubiger, und kann somit auf die Inhaber der Kleinbahn- und Kommunalobligationen nicht Anwendung finden. Diese sind vielmehr nach Maßgabe des § 289 Abs. 3, 4 H.G.B. zu befriedigen oder sicherzustellen. Die Sicherheitsleistung ist nach Maßgabe der §§ 232 bis 240 B.G.B. zu bewirken. Das Vorhandensein der nach Maßgabe des § 41 Abs. 1 und des § 42 Abs. 1 erforderlichen Deckung genügt nach den Vorschriften des B.G.B. zur Sicherheitsleistung nicht. Es ist auch nicht angängig, etwa zur Deckung verwendetes Geld oder Werthpapiere, die nach §§ 232, 234 B.G.B. zur Sicherheitsleistung geeignet wären, zu dieser Sicherheitsleistung zu verwenden, solange sie zur Erhaltung der vorschriftsmäßigen Deckung für die noch im Umlaufe befindlichen Obligationen erforderlich sind. Der Treuhänder ist nicht befugt, das Geld oder die Werthpapiere zu diesem Zwecke herauszugeben. Das Gesetz giebt keinen Anhalt für die Annahme, daß mit Rücksicht auf die nach § 289 Abs. 3 gestellte Sicherheitsleistung von der Erhaltung einer vorschriftsmäßigen Deckung abgesehen werden dürfte.

§. 48.

Eine Hypothekenbank, die bei dem Inkrafttreten dieses Gesetzes das Recht besitzt, über den in den §§. 7, 41, 42 oder im §. 46 Abs. 2 Satz 1, Abs. 3 bestimmten Betrag hinaus Hypothekenpfandbriefe oder Schuldverschreibungen auszugeben,[1]) behält dieses Recht[2]) mit der Maßgabe, daß die Hypothekenpfandbriefe und die auf Grund von Darlehen an Kleinbahnunternehmungen ausgegebenen Schuldverschreibungen[3]) den zwanzigfachen Betrag des eingezahlten Grundkapitals[4]) nicht übersteigen dürfen und daß hierbei das eingezahlte Kapital nur insoweit berücksichtigt wird, als es innerhalb des Betrags verbleibt, auf welchen am 1. Mai 1898 das Grundkapital der Bank durch die Satzung festgesetzt war;[5]) die Schuldverschreibungen, welche die Bank auf Grund nicht hypothekarischer Darlehen an Körperschaften des öffentlichen Rechtes oder gegen Uebernahme der Gewährleistung durch eine solche Körperschaft ausgiebt,[6]) dürfen unter Hinzurechnung der im Umlaufe befindlichen Hypothekenpfandbriefe und auf Grund von Darlehen an Kleinbahnunternehmungen ausgegebenen Schuldverschreibungen den Betrag, bis zu welchem die Bank Hypothekenpfandbriefe ausgeben darf, nicht um mehr als den fünften Theil übersteigen.[7])

Auf Grund einer nach dem 1. Mai 1898 in das Handelsregister eingetragenen Kapitalserhöhung[8]) dürfen Hypothekenpfandbriefe und Schuldverschreibungen nur nach den Vorschriften der §§. 7, 41, 42, 46 ausgegeben werden. Hierbei bleibt der Reservefonds, der bei Erreichung des nach Abs. 1 zulässigen Höchstbetrags vorhanden war, außer Betracht.[9])

Diese Vorschriften finden in dem Falle des §. 46 Abs. 2 Satz 2 keine Anwendung.[10])

1. a) Von den bestehenden H.B. kommen also in Betracht diejenigen, welche der Vorschrift des § 5 unterliegen, und ferner diejenigen, welche dieser Vorschrift zwar nicht unterworfen sind, die aber am 1. Jan. 1900 Hypothekenpfandbriefe über den doppelten Betrag des eingezahlten Grundkapitals hinaus ausgegeben hatten, § 46 Abs. 1, 2, § 48 Abs. 3. Die H.B., welche im § 46 Abs. 2 Satz 2 bezeichnet sind, können die Voraussetzungen zur Anwendbarkeit des § 48 dadurch schaffen, daß sie sich den Vorschriften des § 5 unterwerfen, vgl. § 47 Anm. 2 Abs. 2.

b) Besitzt eine H.B. das Recht, andere Schuldverschreibungen als Hypothekenpfandbriefe oder Kleinbahn- und Kommunalobligationen auszugeben (vgl. § 52), so wird sie in diesem Rechte nicht durch § 48, sondern durch § 46 Abs. 1 geschützt. § 48 bezieht sich nur auf Hypothekenpfandbriefe, Kleinbahn- und Kommunalobligationen.

c) Nur am 1. Jan. 1900 bereits erworbene Rechte begründen die Anwendbarkeit des § 48 Abs. 1.

Es ist also erforderlich, daß die H.B. am 1. Jan. 1900 nach den bisher für sie maßgebenden Vorschriften in der Lage gewesen wäre, ohne Weiteres zur Ausgabe eines höheren Betrags von P.B. oder Kleinbahn- und Kommunalobligationen zu schreiten, als nach Maßgabe der §§ 7, 41, 42 oder des § 46 Abs. 2 Satz 1, Abs. 3 zulässig wäre. Diese Voraussetzung ist nicht erfüllt, wenn die Ausgabe eines höheren Betrags zwar vorgesehen, aber von gewissen Umständen abhängig gemacht war, die am 1. Jan. 1900 noch nicht vorlagen. Wenn beispielsweise nach der Satzung einer H.B. die Ausgabe eines höheren Betrags einen Beschluß des Aufsichtsraths, der staatlicher Genehmigung bedurfte, erforderte, so kommt die Vorschrift des § 48 nur zur Anwendung, wenn der Beschluß vor dem 1. Jan. 1900 gefaßt war und die staatliche Genehmigung gefunden hatte. Die nach den Landesgesetzen erforderliche Genehmigung zur Ausgabe von P.B. oder Schuldverschreibungen auf den Inhaber braucht noch nicht ertheilt gewesen zu sein, es sei denn, daß die H.B. nach den für sie maßgebenden Bestimmungen überhaupt nur zur Ausgabe von Inhaberpapieren berechtigt sein sollte.

d) Es genügt, daß die H.B., wenn die Vorschriften der §§ 7, 41, 42 oder des § 46 Abs. 2 Satz 1, Abs. 3 zur Anwendung kommen müßten, am 1. Jan. 1900 hinsichtlich des Höchstbetrags des zulässigen Pfandbriefs-, Kleinbahn- und Kommunalobligationenumlaufs schlechter gestellt wäre, als sie es nach den bisher für sie maßgebenden Bestimmungen war. Der Umfang, in welchem dies zutrifft, ist belanglos. Eine Unterscheidung dahin, daß diese Benachtheiligung nur hinsichtlich einer der drei Arten von Schuldverschreibungen eintritt, und somit die Vorschrift des § 48 Abs. 1 nur hinsichtlich dieser Art Platz greift, ist nicht möglich.

Beispielsweise wäre bei einer den preußischen Normativbestimmungen unterliegenden H.B. die Voraussetzung zur Anwendbarkeit des § 48 Abs. 1 für alle drei Arten von Schuldverschreibungen selbst dann gegeben, wenn das eingezahlte Grundkapital weniger als 10 Millionen betrüge, sie also nach N.B. § 2 Abs. 3 nur das 15fache des Grundkapitals an Hypothekenpfandbriefen ausgeben dürfte. Denn diesen Banken steht, soweit die Statuten nichts Anderes bestimmen, das Recht zur Ausgabe von Kommunalobligationen unbeschränkt zu; käme aber § 41 Abs. 2 zur Anwendung, so würde nicht nur das Recht zur Ausgabe der Kommunalobligationen, sondern gleichzeitig auch das Recht zur Ausgabe von Hypothekenpfandbriefen beschränkt werden, da, sobald mehr als 3 Millionen Kommunalobligationen ausgegeben wären, das Recht zur Ausgabe von Hypothekenpfandbriefen nicht mehr voll ausgenutzt werden könnte.

2. Die Worte „behält dieses Recht" sollen nicht besagen, daß den H.B. durch § 48 Abs. 1 nicht mehr gewährt werden soll, als sie besaßen, vielmehr regelt § 48 Abs. 1 die Frage einheitlich selbst für den Fall, daß dadurch die einzelne H.B. günstiger gestellt würde, als sie es nach den für sie bis zum 1. Jan. 1900 maßgebenden Bestimmungen war. Findet sich in den Satzungen eine die H.B. gegenüber den Vorschriften des § 48 Abs. 1 beschränkende Bestimmung, so muß diese selbstverständlich beseitigt werden, bevor das gesetzliche Recht voll ausgenutzt werden kann.

3. Vgl. § 42 und Anm. 5 dazu.

4. Vgl. Anm. 1 zu § 7. Die im § 7 bezeichneten Reservefonds bleiben also außer Betracht.

5. Hat eine Erhöhung des Grundkapitals stattgefunden, so fragt es sich, ob die stattgefundene Erhöhung des Kapitals vor dem 1. Mai 1898 eingetragen sein muß, Artikel 180 i, 215 b H.G.B., oder ob es genügt, wenn die Eintragung des Erhöhungsbeschlusses

vor diesem Tage stattgefunden hat, Artikel 180 h Abs. 4, 180 f Abs. 2, 214 Abs. 2, 215 a Abs. 3. Nach dem Wortlaute des Gesetzes ist die Frage im letzteren Sinne zu entscheiden, denn die Festsetzung der Erhöhung durch die Satzung ist bereits mit der Eintragung des Erhöhungsbeschlusses bewirkt. Selbstverständlich darf nur der Betrag des erhöhten Grundkapitals berücksichtigt werden, der bereits eingezahlt ist. Das auf Grund eines nach dem 1. Mai 1898 eingetragenen Erhöhungsbeschlusses eingezahlte Grundkapital bleibt außer Betracht.

6. Vgl. § 41 und Anm. dazu.

7. Vgl. Anm. 4 zu § 41.

Es fehlt eine ausdrückliche dem § 42 Abs. 1 Satz 2 und dem § 46 Abs. 3 entsprechende Vorschrift. Indessen darf nicht gefolgert werden, daß das Gesetz hier zwischen dem Betrage, bis zu welchem Hypothekenpfandbriefe, und dem Betrage, bis zu welchem Kleinbahnobligationen ausgegeben werden dürfen, einen Unterschied machen und nur den ersteren für den Höchstbetrag, bis zu welchem Kommunalobligationen ausgegeben werden dürfen, entscheiden lassen will. Eine solche Unterscheidung wäre nicht möglich.

8. Bei dem nahen Zusammenhange der Vorschriften des Abs. 1 und Abs. 2 muß auch hier angenommen werden, daß entscheidend ist, ob der Beschluß auf Kapitalserhöhung nach dem 1. Mai 1898 eingetragen worden ist, oder nicht, vgl. Anm. 5.

9. Abs. 2 regelt den Fall, daß das im Abs. 1 bezeichnete Recht ausgenutzt ist, die Bank aber auf Grund einer nach dem 1. Mai 1898 erfolgten Erhöhung des Grundkapitals nach den sonstigen Vorschriften § 7, § 41 Abs. 2, § 42 Abs. 1, § 46 Abs. 2 Satz 1, Abs. 3 in der Lage sein würde, zur weiteren Ausgabe von Schuldverschreibungen zu schreiten. Das Recht zu einer solchen wei-

teren Ausgabe von Schuldverschreibungen hat also zur Voraussetzung

a) daß die im Umlaufe befindlichen Hypothekenpfandbriefe und, wenn Kleinbahnobligationen ausgegeben sind, die Hypothekenpfandbriefe zusammen mit den Kleinbahnobligationen den zwanzigfachen Betrag oder unter Hinzurechnung der ausgegebenen Kommunalobligationen den vierundzwanzigfachen Betrag des Grundkapitals ausmachen, welches am 1. Mai 1898 durch die in das Handelsregister eingetragenen Satzungen der H.B. festgesetzt war, soweit dieses Grundkapital noch vorhanden ist. Ist dieser Voraussetzung zwar in Ansehung der Hypothekenpfandbriefe und Kleinbahnobligationen, aber nicht in Ansehung der Kommunalobligationen genügt, so hindert dies nicht an der Ausgabe neuer Hypothekenpfandbriefe und Kleinbahnobligationen, dagegen darf die Ausgabe neuer Kommunalobligationen zunächst noch nur nach Maßgabe des Abs. 1 erfolgen;

b) daß ein Beschluß über Erhöhung des Grundkapitals nach dem 1. Mai 1898 in das Handelsregister eingetragen worden ist, und daß das auf Grund eines solchen Beschlusses eingezahlte Grundkapital zusammen mit dem übrigen eingezahlten Grundkapital zuzüglich gewisser Theile der Reservefonds (s. unten) nach den Vorschriften der § 7, § 41 Abs. 2, § 42 Abs. 1 oder der Vorschrift des § 46 Abs. 2 Satz 1, Abs. 3 die Ausgabe neuer Schuldverschreibungen über den bereits im Umlaufe findlichen Betrag hinaus gestatten würde.

Im Einzelnen ist zu der Voraussetzung b) noch Folgendes zu bemerken: Der in § 262 H.G.B. vorgeschriebene Reservefonds darf bei der Berechnung des nach Abs. 2 zulässigen Höchstbetrags der Schuldverschreibungsausgabe nur mit dem Betrage berücksichtigt werden, um den er höher ist, als in dem Augenblick, in welchem der nach Maßgabe des Abs. 1 zulässige Höchstbetrag erreicht war. Das Gleiche gilt von einem damals etwa schon vorhandenen Reservefonds, der ausschließlich zur Sicherung der Pfandbriefgläubiger bestimmt ist (§ 7); ist ein solcher Fonds erst nachträglich gebildet, so kann er selbstverständlich nach seiner vollen Höhe in Betracht gezogen werden. Wird der nach Abs. 1 zulässige Höchstbetrag der Ausgabe bei den Kommunalobligationen erst später erreicht, als bei den Hypothekenpfandbriefen und Kleinbahnobligationen, so müssen die Beträge der Reservefonds, welche nach dem Vorstehenden dem eingezahlten Grundkapital hinzuzurechnen sind, für die Kommunalobligationen gesondert und zwar unter Zugrundelegung des Zeitpunktes, in welchem für sie speziell der nach Abs. 1 zulässige Höchstbetrag erreicht war, berechnet werden.

Unter den verschiedenen H.B. ist zu unterscheiden zwischen den H.B., deren Geschäftsbetrieb der Vorschrift des § 5 unterliegt, und den gemischten H.B., welche der Vorschrift des § 5 nicht unterliegen (§ 46 Abs. 1) und welche auch nicht zu den im § 46 Abs. 2 Satz 2 bezeichneten Banken gehören. Die ersteren dürfen den Umlauf von Hypothekenpfandbriefen, Kleinbahn- und Kommunalobligationen zusammen bis auf den 18fachen Betrag des gesammten eingezahlten Grundkapitals zuzüglich der im Vorstehenden bezeichneten Theile der Reservefonds erhöhen; die Hypothekenpfandbriefe dürfen jedoch allein, oder wenn Kleinbahnobligationen ausgegeben sind, unter Hinzurechnung dieser höchstens bis auf den fünfzehnfachen Betrag dieses Kapitals ausgegeben werden, vgl. § 7, § 41 Abs. 2, § 42 Abs. 1.

Für die gemischten Hypothekenbanken, § 46 Abs. 1, welche nicht der Vorschrift des § 46 Abs. 2 Satz 2 unterliegen (vgl. § 48 Abs. 3) gilt das nämliche mit der Maßgabe, daß an Stelle des achtzehnfachen Betrags der zwölffache und an Stelle des fünfzehnfachen Betrags der zehnfache tritt, vgl. § 46 Abs. 2 Satz 1, Abs. 3.

10. Vgl. Anm. 1 a.

§. 49.

Auf die Deckung der Hypothekenpfandbriefe durch Hypotheken, die vor dem Inkrafttreten dieses Gesetzes von einer Hypothekenbank gemäß den Bestimmungen ihrer Satzung erworben sind, finden die Vorschriften des §. 6 Abs. 2 und der §§. 10 bis 12 keine Anwendung.[1]) Die Vorschriften des §. 17 Abs. 1 Satz 2, Abs. 2, 3 und der §§. 18 bis 21 sind nur für Verträge maßgebend, die nach dem Inkrafttreten dieses Gesetzes abgeschlossen werden.[2])

1. Die Vorschrift des Satz 1 setzt voraus:

a) daß die Hypotheken oder Grundschulden (§ 40 Abs. 1) vor dem 1. Jan. 1900 bereits von der Bank erworben sind. Ob und inwieweit eine Hypothek oder Grundschuld bereits vor dem 1. Jan. 1900 erworben ist, bestimmt sich nach den Landesgesetzen. Nach preußischem Rechte war außer der Eintragung erforderlich, daß die Hypothek eine persönliche Schuldverbindlichkeit zur rechtlichen Grundlage hatte. Ist demnach eine Hypothek für ein in Raten auszuzahlendes Darlehen eingetragen, das Darlehen aber vor dem 1. Jan. 1900 noch nicht voll ausbezahlt, so ist die Hypothek vor dem 1. Jan. 1900 nur in Höhe des bereits ausbezahlten Betrags erworben und nur insoweit greift die Vorschrift des § 49 Satz 1 Platz.

b) daß die Hypotheken oder Grundschulden nach den bisher für die Bank maßgebenden Bestimmungen zur Unterlage für P.B. geeignet gewesen sind. Dies wollen, wie die Begründung (64) ergiebt, die Worte sagen „gemäß den Bestimmungen ihrer Satzung". Auf andere Hypotheken, welche die Bank etwa in einem Nebengeschäftszweige nach den für diesen Geschäftszweig maßgebenden Bestimmungen ihrer Satzung erworben hat, findet die Vorschrift keine Anwendung.

Aus der Voraussetzung unter b ergiebt sich, daß für die Vorschrift des Satz 1 nur solche H.B. in Betracht kommen können, welche an die zur Unterlage für P.B. dienenden Hypotheken hinsichtlich der in §§ 10 bis 12 vorgeschriebenen Eigenschaften und des im § 6 Abs. 2 geregelten Punktes geringere Anforderungen stellten, als das Gesetz. Die Bedeutung der Vorschrift des § 49 Satz 1 liegt darin, daß diesen geringeren Anforderungen über den 1. Jan. 1900 hinaus fortwirkende Kraft gegeben wird, soweit es sich um die vor dem 1. Jan. 1900 erworbenen Hypotheken und Grundschulden handelt. Was hingegen die nach dem 1. Jan. 1900 erworbenen Hypotheken und Grundschulden anbetrifft, so treten die Bestimmungen, welche den H.B. hinsichtlich der Verwendung zur P.D. einen weiteren Spielraum gestatten, als das Gesetz zuläßt, sofort außer Kraft. Selbstverständlich können sich die H.B. auch bezüglich der vor dem 1. Jan. 1900 erworbenen Hypotheken dem Gesetz unterwerfen.

Die Vorschrift des § 49 Satz 1 bleibt dagegen insoweit außer Betracht, als die für die H.B. maßgebenden Bestimmungen dieselben oder strengere Anforderungen an die als Unterlage für Pfandbriefe zu verwendenden Hypotheken oder Grundschulden stellten als das Gesetz. Dies trifft z. B. für die den preußischen Normativbedingungen unterstehenden H.B. zu, welche aus der Vorschrift des § 49 Abs. 1 lediglich den Vortheil haben, daß, insoweit vor dem 1. Jan. 1900 erworbene Hypotheken auf landwirthschaftlichen Grundstücken zur P.D. verwendet werden, die Hälfte dieser Deckung nicht aus Amortisationshypotheken zu bestehen braucht, bei denen der jährliche Tilgungsbeitrag nicht weniger als ein Viertheil vom Hundert des Hypothekenkapitals beträgt. Im Uebrigen galten für diese Banken dieselben oder strengere Anforderungen, als sie in den §§ 10 bis 12 des Gesetzes enthalten sind, vgl. N.B. § 3. Solche strengere Vorschriften bleiben sowohl hinsichtlich der vor als der nach dem 1. Jan. 1900 erworbenen Hypotheken und Grundschulden, welche zur P.D. verwendet werden, so lange in Kraft, bis eine Aenderung der Satzungen erfolgt ist; denn das Gesetz schreibt nur das Mindestmaß der zu stellenden Anforderungen vor, vgl. Vorbemerkung zu §§ 10 bis 21 S. 21.

2. Die Vorschrift des Satz 2 ist von der Reichstagskommission hinzugefügt, um Zweifeln über die Rückwirkung der §§ 16 bis 21 vorzubeugen (K.B. 40). Sie besagt nicht mehr, als was auch ohnedem klar sein würde, daß die Vorschriften des Gesetzes über den Inhalt der von der H.B. im Hypothekenbankgeschäfte zu schließenden Darlehensverträge den Inhalt der bereits abgeschlossenen Verträge nicht berühren. Die H.B. ist auch nicht verpflichtet, ein ihr zustehendes Kündigungsrecht zu benutzen, um die Aenderung eines vor dem 1. Jan. 1900 abgeschlossenen Vertrags im Sinne der §§ 16 bis 21 herbeizuführen.

§. 50.

Die Vorschriften der §§. 24 bis 28 finden bei den bestehenden Hypothekenbanken erst auf die Bilanz, die Gewinn- und Verlustrechnung und den Geschäftsbericht für das mit oder in dem Jahre 1900 beginnende Geschäftsjahr Anwendung.[1])

Auf die Verrechnung des Mindererlöses, der vor dem Inkrafttreten dieses Gesetzes durch die Ausgabe von Hypothekenpfandbriefen zu einem geringeren Betrag als dem Nennwerth entstanden ist, sowie auf die Verrechnung der Kosten der vor dem bezeichneten Zeitpunkt erfolgten Ausgabe von Hypothekenpfandbriefen finden die Vorschriften des §. 25 keine Anwendung. Die Bank hat jedoch die zur Deckung eines solchen Mindererlöses oder solcher Kosten in die Aktiven der Bilanz aufgenommenen Posten, soweit die Aufnahme nach §. 25 nicht zulässig sein würde, längstens binnen fünf Jahren abzuschreiben. Das Gleiche gilt bezüglich der vor dem Inkrafttreten dieses Gesetzes in die Aktiven der Bilanz aufgenommenen Ansprüche auf künftige Jahresleistungen der Darlehensschuldner.[2])

1. Die §§ 24 bis 28 sind erst in der Bilanz zu berücksichtigen, welche für ein mit oder nach dem 1. Jan. 1900 begonnenes Geschäftsjahr aufzustellen ist. In der Bilanz eines Geschäftsjahrs, das bereits im Jahre 1899 begonnen hat, dürfen die früher beobachteten Grundsätze auch dann beibehalten werden, wenn sie mit den §§ 24 bis 28 nicht übereinstimmen. Nach § 41 Abs. 1, § 42 Abs. 2 finden die Vorschriften der §§ 25, 26 auf Kommunal- und Kleinbahnobligationen und die ihnen zu Grunde liegenden Darlehensforderungen entsprechende Anwendung. Auch insoweit greifen die Vorschriften des § 50 Platz, vgl. Anm. 2 a. E.

2. Während sich Abs. 1 auf die Bilanz bezieht, welche nach dem Inkrafttreten des Gesetzes für ein vor dem Inkrafttreten des Gesetzes begonnenes Geschäftsjahr aufzustellen ist, bezieht sich Abs. 2 auf die Bilanz des mit oder nach dem Inkrafttreten des Gesetzes begonnenen Geschäftsjahrs sowie der folgenden Jahre und zwar bezweckt er, den Uebergang zur Beobachtung der Vorschriften des § 25 zu erleichtern. § 25 gestattet die Aufnahme von Aktivposten in die Bilanz für das bei der Ausgabe von P.B. entstandene Disagio nur in be-

schränktem Umfange (§ 25 Abs. 1, 2), schreibt vor, daß die durch die Ausgabe von P.B. entstandenen Kosten ihrem vollen Betrage nach zu Lasten des Jahres verrechnet werden müssen, in welchem sie entstanden sind (§ 25 Abs. 3), und verbietet, Ansprüche der H.B. auf Jahresleistungen der Hypothekenschuldner für die auf das Bilanzjahr folgende Zeit in die Aktiven der Bilanz aufzunehmen (§ 25 Abs. 4). Wären diese Vorschriften in der Bilanz des mit oder nach dem Inkrafttreten des Gesetzes begonnenen Geschäftsjahrs zu beobachten, so müßten die Aktivposten, welche mit Rücksicht auf bei der Pfandbriefausgabe entstandene Kosten, sowie auf die bezeichneten Ansprüche der H.B. in die vorhergehende Bilanz aufgenommenen waren, in dieser Bilanz verschwinden, und die mit Rücksicht auf das Disagio aufgenommenen Aktivposten wären auf den im § 25 Abs. 1, 2 vorgeschriebenen Höchstbetrag zu reduziren und es wäre mit ihrer Abschreibung nach Maßgabe des § 25 Abs. 1 zu beginnen. Diese Folge wird jedoch durch den § 50 Abs. 2 in drei Punkten gemildert:

a) Die Aktivposten, welche mit Rücksicht auf ein bei der Ausgabe von Pfandbriefen entstandenes Disagio in die vorhergehende Bilanz aufgenommen sind, sind zu sondern in solche, welche sich auf ein vor dem 1. Jan. 1900 entstandenes Disagio, und in solche, welche sich auf ein nach dem 1. Jan. 1900 entstandenes Disagio beziehen. Nur für die ersteren treten die Vorschriften des § 25 Abs. 1, 2 nunmehr in Kraft. Die letzteren können noch fünf Jahre gesondert behandelt werden, jedoch sind sie in diesen fünf Jahren soweit abzuschreiben, daß sie nach deren Ablauf zusammen mit den Aktivposten, welche sich mit Rücksicht auf ein nach dem 1. Jan. 1900 entstandenes Disagio in der Bilanz befinden, nicht über die im § 25 Abs. 2 bezeichnete Grenze hinausgehen. In der Folge wird zwischen den in Rede stehenden Aktivposten hinsichtlich der Anwendung des § 25 Abs. 1, 2 kein Unterschied mehr gemacht. Unter den fünf Jahren sind die ersten fünf Geschäftsjahre seit dem Inkrafttreten des Gesetzes zu verstehen. Läuft also das Geschäftsjahr einer H.B. vom 1. April bis zum 31. März, so muß die Uebereinstimmung mit den Vorschriften des § 25 Abs. 1, 2 spätestens in der Bilanz für das Geschäftsjahr 1905/1906 herbeigeführt sein.

b) Die mit Rücksicht auf die Kosten der Pfandbriefausgabe in die Bilanz des im Jahre 1899 begonnenen Geschäftsjahrs aufgenommenen Aktivposten brauchen in der nächstfolgenden Bilanz nur insoweit sofort getilgt zu werden, als die Kosten nach dem 1. Jan. 1900 entstanden sind. Im Uebrigen ist der H.B. für die Abschreibung der fraglichen Aktivposten gleichfalls die Frist von fünf Jahren gelassen.

c) Bei den Ansprüchen der H.B. auf Jahresleistungen der Hypothekenschuldner für die auf das Bilanzjahr folgende Zeit entscheidet der Zeitpunkt der Aufstellung der Bilanz, vgl. § 260 Abs. 2 H.G.B. Die Bilanz ist aufgestellt, wenn sie nach Maßgabe des § 263 Abs. 1 H.G.B. ausgelegt worden ist. In die Bilanz des ersten nach dem Inkrafttreten des Gesetzes begonnenen Geschäftsjahrs dürfen nur diejenigen in dem Geschäftsjahre nicht fälligen Ansprüche als Aktiven wieder eingestellt werden, welche sich bereits in der letzten Bilanz befanden, die vor dem Inkrafttreten des Gesetzes aufgestellt worden war. Z. B.: Das Geschäftsjahr einer H.B. läuft vom 1. Juli bis 30. Juni. In die am 1. Nov. 1899 ausgelegte Bilanz für das Geschäftsjahr 1. Juli 1898/30. Juni 1899 waren die Ansprüche gegen die Hypothekenschuldner a bis h aufgenommen, in die Bilanz für das Geschäftsjahr 1. Juli 1899/30. Juni 1900 sind außerdem die Ansprüche gegen die Hypothekenschuldner i bis x gemäß § 50 Abs. 1 eingestellt. In der Bilanz für das Geschäftsjahr 1900/1901 müssen die Ansprüche gegen die Hypothekenschuldner i bis x, soweit sie nicht mittlerweile fällig geworden sind, verschwinden; wieder aufgenommen dürfen nur die Ansprüche gegen a bis h werden, für deren völlige Abschreibung gleichfalls der Zeitraum von fünf Jahren gewährt ist.

Hinsichtlich der nach den Darlegungen unter a, b und c vorzunehmenden Abschreibungen läßt das Gesetz den H.B. freie Hand; jedoch kann die Aufsichtsbehörde ihr Augenmerk darauf richten, daß die Abschreibung in einer Weise erfolgt, welche die rechtzeitige Beendigung sichert.

Nach § 41 Abs. 1, § 42 Abs. 1 haben die Vorschriften des § 25 auch auf ein bei der Ausgabe von Kommunal- und Kleinbahnobligationen entstandenes Disagio, die Ausgabekosten sowie die Ansprüche der H.B. auf Jahresleistungen der Darlehensschuldner entsprechende Anwendung zu finden. Das Gleiche muß auch in Ansehung der Vorschriften des § 50 Abs. 2 gelten, vgl. Anm. 3 f zu § 41.

§. 51.

Ist bei einer Hypothekenbank zur Zeit des Inkrafttretens dieses Gesetzes ein Staatskommissar mit der Ueberwachung der Pfandbriefausgabe betraut, so können die Obliegenheiten, welche nach §. 22 Abs. 2 und den §§. 30 bis 32, 41, 42 von dem Treuhänder wahrzunehmen sind, dem nach §. 4 Abs. 3 bestellten Kommissar übertragen werden.[1])

1. Die Vorschrift hat für die H.B., bei welchen die Ueberwachung der Pfandbriefausgabe einem Beamten vom Staate übertragen war, dauernde, nicht auf die Personen der bisherigen Kommissare beschränkte, Geltung.

Bei anderen Banken hingegen bleibt die Vorschrift des § 29 maßgebend.

Der Kommissar ist nicht Treuhänder, er übernimmt vielmehr in seiner Eigenschaft als Staatskommissar neben seinen sonstigen Verrichtungen und Befugnissen noch die in den §§ 30 bis 32, 41, 42, 52 bezeichneten Verrichtungen und Befugnisse des Treuhänders. Streitigkeiten zwischen ihm und der H.B. im Sinne des § 33 können also, auch insoweit er die Funktionen des Treuhänders ausübt, nicht vorkommen. Jedoch steht der H.B. die Beschwerde bei der Aufsichtsbehörde zu. Eine Vergütung gemäß § 34 kann er von der H.B. nicht verlangen, s. aber § 4 Abs. 3. Die Strafandrohung des § 36 richtet sich nicht gegen ihn.

Die einzelnen Funktionen des Treuhänders können nicht unter mehrere Kommissare vertheilt werden, vgl. Anm. 2 zu § 29 a. E. Dagegen ist es selbstverständlich zulässig, dem mit der Gesammtheit der von dem Treuhänder auszuübenden Funktionen betrauten Staatskommissar einen Stellvertreter zu bestellen, § 29 Abs. 1, der übrigens nicht nothwendig ein Staatskommissar zu sein braucht.

§. 52.

Hat eine Hypothekenbank auf Grund von Rentenforderungen, die vor dem 1. Januar 1899 als Reallasten in das Grundbuch eingetragen worden sind, besondere Schuldverschreibungen ausgegeben, so finden auf diese Schuldverschreibungen und auf die ihnen zu Grunde liegenden Rentenforderungen die Vorschriften der §§. 6, 22, 29 bis 35, des §. 37 Abs. 2, 3, des §. 41 Abs. 1 und des §. 51 entsprechende Anwendung.[1])

1. Aus der Begründung ist hervorzuheben:

Die mitteldeutsche Bodenkreditanstalt zu Greiz giebt gegenwärtig außer Hypothekenpfandbriefen auch sogenannte Grundrentenbriefe aus, deren Unterlage durch Amortisationsrenten gebildet wird, die sich die Bank gegen Hergabe eines Kapitalbetrags bestellen und als Reallasten in das Grundbuch eintragen läßt. Um die allmähliche Amortisation des Kapitals herbeizuführen, ist die Rente so bemessen, daß darin außer den Zinsen des Kapitals und einem für die ganze Dauer der Rente gleichbleibenden Verwaltungskostenbeitrag auch eine Tilgungsquote von $^1/_2$ oder $^3/_4$ Prozent enthalten ist.

Den Besitzern dieser Grundrentenbriefe werden in Ansehung der Befriedigung aus den ihren Schuldverschreibungen zu Grunde liegenden Rentenforderungen dieselben Rechte eingeräumt, welche den Pfandbriefgläubigern hinsichtlich der Hypotheken sowie den Besitzern von Kommunal- oder Kleinbahnobligationen hinsichtlich der die Unterlage dieser Schuldverschreibungen bildenden Forderungen zustehen. Ebenso ist bei der Bestellung des Treuhänders auf die Grundrentenbriefe Rücksicht zu nehmen. Demgemäß erklärt der § 52 die in den fraglichen Beziehungen bei den Hypothekenpfandbriefen, Kommunalobligationen und Kleinbahnobligationen maßgebenden Vorschriften auf die Grundrentenbriefe für entsprechend anwendbar.

Die Bestimmung bezieht sich jedoch nur auf diejenigen Rentenbriefe, welche auf Grund von Rentenforderungen ausgegeben sind, die bereits vor dem 1. Jan. 1899 für die Bank bestellt und in das Grundbuch eingetragen waren. Soweit letzteres zutrifft, begründet es keinen Unterschied, ob die Rentenbriefe, zu deren Unterlage die bezeichneten Rentenforderungen dienen, ebenfalls schon vor dem bezeichneten Zeitpunkt ausgegeben sind oder ob sie erst später, sei es selbst nach dem Inkrafttreten des Gesetzes, ausgegeben werden; denn der Bank ist unter allen Umständen die Befugniß zu wahren, ihr in Rentenforderungen einmal angelegtes Kapital durch die Ausgabe von Schuldverschreibungen, die den früher ausgegebenen in rechtlicher Beziehung gleichwerthig sind, wieder flüssig zu machen. Dagegen erstreckt sich die Bestimmung des § 52 nicht auf den Fall, daß die Ausleihung von Kapitalien gegen Amortisationsrenten noch über den 1. Jan. 1899 oder — auf Grund des § 46 — über den Zeitpunkt des Inkrafttretens des Gesetzes hinaus fortgesetzt werden sollte.

§. 53.

Die bestehenden Hypothekenbanken haben mit der Anlegung der in den §§. 22, 41, 42, 52 vorgeschriebenen Register so zeitig zu beginnen, daß die Register am 1. Januar 1900 angelegt sind. Unverzüglich nach diesem Zeitpunkte haben sie der Aufsichtsbehörde anzuzeigen, daß die Anlegung der Register erfolgt ist. Eine von dem Treuhänder oder dem Kommissar der Aufsichtsbehörde[1]) beglaubigte Abschrift des Registers ist der Behörde mit thunlichster Beschleunigung einzureichen.

Mit der Erstattung der im Abs. 1 Satz 2 vorgeschriebenen Anzeige erlöschen die Pfandrechte, welche für die Pfandbriefgläubiger nach den Landesgesetzen bestellt sind.[2]) Soweit einer Bank in der Satzung oder in den Pfandbriefbedingungen die Verpflichtung zur Bestellung eines Pfandrechts für die

Pfandbriefgläubiger auferlegt ist, verlieren die hierauf bezüglichen Bestimmungen mit dem gedachten Zeitpunkt ihre Wirksamkeit.[3])

1. Vgl. § 51.

2. Vgl. § 43 und Anm. 1 dazu unter a. Den Besitzern der bei dem Inkrafttreten des Gesetzes von einer H.B. ausgegebenen P.B. wird also ein ihnen bisher eingeräumtes Pfandrecht nicht erhalten, vielmehr tritt an dessen Stelle das Vorzugsrecht des § 35. Die bisher dem Pfandrecht unterliegenden Hypotheken und sonstigen Objekte werden aus dem Pfandnexus befreit. Das Gleiche gilt nicht bezüglich der den Besitzern von Kommunal- oder Kleinbahnobligationen, welche von einer H.B. vor dem 1. Jan. 1900 ausgegeben sind, eingeräumten Pfandrechte. Diese Pfandrechte bleiben vielmehr, vorbehaltlich einer abweichenden Bestimmung der Landesgesetze, erhalten.

3. Die Vorschrift stellt klar, daß auf Grund der bezeichneten Bestimmungen keinerlei Ansprüche gegen die H.B. geltend gemacht werden können. Die P.G. müssen sich vielmehr vom 1. Jan. 1900 an mit den ihnen durch das Gesetz gewährten Rechten begnügen.

Sind die im Umlaufe befindlichen P.B. mit einer Bescheinigung über das Vorhandensein der satzungsgemäßen Sicherheit „in Faustpfändern" versehen, so verlieren diese Vermerke mit dem Erlöschen des Pfandrechts von selbst ihre Bedeutung. Auch die von einzelnen H.B. in die P.B. aufgenommenen Bestimmungen über die Form der Berufung und Abhaltung von Versammlungen der P.G. treten außer Geltung, da die Vorschriften des Gesetzes, betreffend die gemeinsamen Rechte der Besitzer von Schuldverschreibungen, durch Festsetzungen der Betheiligten in den fraglichen Beziehungen nicht abgeändert werden können (Begr. 67).

Urkundlich unter Unserer Höchsteigenhändigen Unterschrift und beigedrucktem Kaiserlichen Insiegel.

Gegeben Merok im Geiranger Fjord an Bord M. Y. „Hohenzollern“, den 13. Juli 1899.

(L. S.) **Wilhelm.**

Fürst zu Hohenlohe.

Sachregister.

Die Zahlen ohne Zusatz bezeichnen die Paragraphen des Hypothekenbankgesetzes. A. = Anmerkung, Abs. = Absatz, Nr. = Nummer, S. = Seite.

A.

B.

H.

L.

M.

N.

S.

T.

U.

V.

W.

Z.

Druck von Otto Walter in Berlin.

FSC
www.fsc.org
MIX
Papier | Fördert
gute Waldnutzung
FSC® C083411

Kolibri 360 GmbH
Ferdinand-Jühlke-Straße 7
99095 Erfurt, Deutschland
produktsicherheit@kolibri360.de